무한한 지지를 보내며,

──────── 님께

무조건 ── 당신 편

마음의 힘을
기르는
'외상 후 성장'의
심리학

무조건 —— 당신 편

한창수 지음

RHK
알에이치코리아

지금 그 정도면 괜찮아요

오늘 아침, 저를 만나러 온 분은 서른을 갓 넘긴 건장한 청년이었습니다. 저보다 훌쩍 큰 키에 다부진 체격의 소유자인 이 청년은 가족과 떨어져 혼자 살고 있고, 여러 달 전 스스로를 다치게 한 것 때문에 병원에 실려와 응급 수술까지 했습니다. 외과 의사의 설득으로 저를 만났고, 3주가량 병원에 입원해 우울증 약을 먹으면서 상담을 받았습니다.

퇴원한 이후에는 집에서 반려견과 지내며 1주일 혹은 2주일에 한 번씩 저를 만나 이야기를 나누고 갑니다. 응급실에 왔던 그

때의 황망해하는 태도와 격한 감정, 충동성, 절망에 빠진 모습은 이제 가라앉았습니다. 하지만 진료실 문을 열고 들어오는 그는 여전히 조금 침울합니다.

이 청년이 담담하게 털어놓는 자신의 삶은 그닥 유별나지 않습니다. 평범한 가정에서 태어나 다른 친구들과 그리 다를 바 없는 어린 시절을 보냈습니다. 고등학교를 졸업한 이후에는 사회에 나왔지만, 원래 공부를 열심히 하는 편은 아니었고 욕심도 없었기에 공부를 더 하지 않은 것에 대한 불편함이나 열등감을 가진 적은 없었습니다. 그저 여러 가지 일을 전전하며 인생 계획을 새로 세워 보려고 했죠. 낮에는 시장이나 대형 마트에서, 밤에는 편의점에서 아르바이트를 하면서요.

물론 일만 하고 살았던 건 아닙니다. 사람들을 몰고 다니며 대장 노릇을 하는 성격까진 아니었지만, 가끔씩 몇몇 동창들을 만나 술도 한잔하고 PC방에서 게임도 하며 평범하게 청춘을 즐겼습니다. 순하다, 착하다 소리를 듣는 편은 아니었어도, 성격 나쁘다는 말을 들은 적은 없었고요.

그러다 동갑내기 여자친구를 만났죠. 친구들 모임에서 몇 차례 마주쳤고, 비슷한 일을 한다는 걸 알았고, 서로 친해지고 사랑하게 되어 어느새 둘만의 메시지를 주고받는 사이가 되었습니다.

아직 장래 계획을 나눌 정도는 아니었지만, 언젠가는 미래를 같이할 수도 있겠다는 생각에 이 청년은 좀 더 열심히 살아보기로 결심하고 주어지는 대로 부지런히 일했습니다. 청년의 부모님은 서로 마음이 맞지 않았는지 10여 년 전부터 따로 사셨는데, 뭐이제 부모님하고 자주 연락하며 사는 상황도 아니다 보니 그러려니 하는 정도였습니다.

그렇게 나름대로 만족스러운 나날을 보내던 중, 갑자기 여자친구가 별다른 말 없이 연락을 끊었습니다. 지나고 나서 생각해보니, 여자친구는 '그냥 몇 달 사귀다가 말아야지' 딱 그 정도의 마음가짐이었던 것 같습니다. 다른 남자친구가 생겼는지도 모르고요.

하지만 당시 영문을 모르고 그저 당황했던 청년은 연락이 안되는 여자친구에게 전화도 하고 메시지도 보냈습니다. 혹시라도 자기가 무슨 잘못을 했던 것은 아닌지, 나를 만나는 게 여자친구에게 무슨 곤란한 일을 만든 건 아닌지 궁금했으니까요. 그렇다고 스토커처럼 밤늦게 수십 통의 전화를 건다든가 하지도 못했습니다. 그랬다간 자기가 싫어 떠난 여자친구가 자기를 더 불편해할까 봐 두려웠습니다.

몇 주가 흘렀습니다. 가까운 친구들을 만나는 것조차 싫었던 청년은 일이 끝나면 곧바로 집에 들어가 계속 혼자 지냈습니다. 그러다 어느 미세먼지 한 점 없던 맑은 날, 갑자기 하늘이 온통 뿌연 회색으로 보이더니 아무것도 하기 싫어졌다고 합니다. 일하러 가기도 귀찮아진 그는 출근도 안 하고, 불도 켜지 않은 방에 틀어박혀 버렸습니다.

그러기를 한 달여. 결국 본인도 잘 기억하지 못하는 어느 때인가, 순간적으로 스스로를 해치게 된 것이죠. 그는 그 순간에 대해 다음과 같이 말합니다.

"그때 상황이 세세하게 기억나진 않아요. 그냥 미래가 아무것도 안 보이고 안 들린다고 해야 할까… 희망이 없다는 느낌이 강하게 들었어요."

수술받고 배에 붕대를 두른 채 병원에서 지낸 첫 2주 동안, 그는 자포자기 상태였습니다.

하지만 그로부터 어느 정도 시간이 흐른 지금, 이젠 자기도 모르게 사고를 칠 것 같지는 않다고 합니다. 물론 아직도 밤에 잠이 안 오고 이유 없이 불안한 마음이 계속된다고는 했습니다.

당분간은 이 친구를 자주 만나게 될 것 같습니다.

우리는 만나서 특별한 이야기를 하진 않습니다. 우울 증상이나 불안 증상, 불면증을 치료하기 위해 먹고 있는 약에 대해 의논하면서, 그저 지난 한 주간 있었던 일들과 느꼈던 감정들에 대해 이야기를 나눕니다. 저는 청년에게 몸은 좀 어떠냐, 아픈 곳은 없었냐며 먼저 몸 컨디션에 대해 물은 다음, 마음 컨디션이 어떤지에 대해서도 묻습니다. 그러다 옛날 이야기가 나오면 청년은 어린 시절의 일들 가운데 생각나는 에피소드를 이야기하고, 간혹 그 사건에 묻어 있는 감정들에 대해 저와 같이 대화하기도 합니다.

물론 급격한 충동과 칠흑 같은 어둠에서 벗어나는 데는 우울증 약이 도움을 줍니다. 하지만, 급한 불을 끄고 나서도 남아 있는 일부 증상을 조절하고 마음의 컨디션을 회복하는 건 본인에게 달렸습니다. 저는 그저 그때까지 그와 함께 걸어가면서 이야기를 나누고, 그가 스스로 마음 컨디션을 회복할 시간을 갖도록 독려할 뿐입니다.

저는 이 과정을 '마인드 텔링Mind-telling'이라고 부릅니다. 마음속에 있는 지금 이야기와 기억 속에 있는 옛날 이야기를 나누면서 거기에 묻어 있는 감정들이 무엇이었는지 확인하고, 털어내야 할 것들을 털어내는 작업이죠. 마인드 텔링을 거치고 나면, 이 청년은 혼자서도 큰 아픔 없이 자기 삶을 들여다보고 그 순간 느끼는 슬픔과 외로움을 담담히 흘려보내면서 살아가게 될 것입니다. 그런 다음에는 굳이 저와 만나는 일 없이도 잘 살아갈 것이라 믿습니다.

"지금까지 살아온 삶이 당신 생각에는 보잘것없이 느껴질지 모르지만, 생각보다 당신은 정말 잘살고 있습니다. 노력도 충분히 하고 있고요. '주변 사람들이 날 어떻게 볼까' 하는 생각은 너무 많이 하지 않아도 돼요. 그만하면 잘하고 있어요."

제가 늘 청년에게 해주고 싶었던 이야기, 하지만 마음속으로 품고만 있었던 이야기입니다. 이제 이 이야기를, 그 청년과 이 책을 집어 든 당신에게 하고 싶습니다.

이 책에서 나누는 말들은 진료실 안팎에서 아파하는 분들을 만나며 제가 꼭 전하고 싶었지만, 그분들의 마음 컨디션을 보며 속도 조절을 해야 했기에 미처 꺼내지 못했던 것들입니다. 논문이나 교과서에 나오는 이야기들도 조금 있긴 하겠지만, 그리 어렵진 않을 것입니다.

책에는 내담자분들의 사연이 많이 등장하는데요, 이는 사연 당사자의 동의를 구했거나, 다양한 이야기를 재구성하여 실은 것입니다. 일상에서 겪는 마음과 감정의 문제를 꺼내기 위해, 중증 질환을 가진 분들보다는 우울감이 심해졌거나 견디기 어려운 일들로 인해 괴로워하는 분들의 이야기를 주로 다뤘습니다.

꼭 병원에 찾아올 정도는 아니더라도 마음이 무너져 힘들어하는 분들이 참 많습니다. 살다 보면 미처 예상치 못했던 일들을 참 많이 겪게 되잖아요. 그러고 보면 괴로움을 모르고 살아갈 수 있는 사람은 세상에 없는 것 같습니다.

중요한 것은 이렇게 넘어진 분들이 다시 일어서는 것입니다. 스스로 마음을 잘 추스른 다음, 땅을 짚고 거뜬히 일어서는 분도 있을 겁니다. 하지만 일어설 의욕조차 생기지 않는 분, 다리가 풀려 도저히 일어설 엄두도 내지 못하는 분 들은 어떻게 해야 할까요? 손을 내밀며 일으켜줄 누군가가 필요하지 않을까요? 왜 넘어진 거냐, 무슨 힘이 그리 없느냐, 이제부터 안 넘어지려면 이렇게 해야 한다… 이런 평가의 말들 없이 그저 묵묵히 손 내밀어줄 누군가 말입니다. 그런 말들은 다리에 힘이 생겨 혼자 걸을 수 있게 된 다음 들려주어도 늦지 않으니까요.

지금 넘어진 채 일어서지 못하고 계신 분들에게 아무런 조건이나 기대, 대가 없이 내미는 손이 되었으면 하는 마음으로 이 책을 썼습니다. 저는 '무조건 당신 편'입니다. 이 책을 읽고 난 당신 또한, 자기 자신에게 "난 무조건 당신 편"이라고 말해주었으면 합니다.

끝으로, 주말 시간을 쪼개가며 책을 쓰는 저를 넓은 아량으로 이해해 주고 섬세하게 배려해 준 내 인생의 행운이자 불멸의 연인, 미연에게 감사의 마음을 전합니다.

한창수

차례

(1장)

벼랑 끝에 놓인 마음
우리가 끝없는 감정적 괴로움에 빠지는 이유

1장

벼랑 끝에 놓인 마음

우리가 끝없는
감정적 괴로움에
빠지는 이유

완전히 바닥나버린
내 마음의 곳간

G는 40대 초반의 일하는 엄마입니다. 학교를 마치고 직장 생활을 몇 년 하다가 소개로 만난 남편과 결혼한 후, 아이 둘을 낳고서 평범한 가정주부로 살아온 G. 부부 관계도 원만했고, 시부모님도 비교적 편안한 분들이었습니다.

그런데 결혼하고 약 6년 정도 지났을 때, 시아버지에게 병이 나면서 상황이 달라졌습니다. 시어머니가 시아버지 병간호를 위해 자주 병원에 드나들면서, G는 시댁에서 운영하던 작은 공장에 일손을 보태게 되었죠. 남편은 주로 외부 사람들을 만나 계약을 하거나 거래처에 물건을 공급했고, G는 시어머니가 하시던 일, 그러니까 직원 및 사업장 관리를 맡게 되었습니다. 일 자체가 그리 복잡한 것은 아니었고 연배 있는 여자 직원들과 대화를 나누며 문제를 풀어나가는 것도 나름대로 재미있었기에, 처음에는 즐겁게 일할 수 있었습니다.

그렇게 10년 정도 지났을까, 어느 날부터인가 갑자기 가슴이 답답해졌습니다. 숨이 차기도 하고, 자려고 누우면 이유 없이 두근거리는 증상이 자주 나타났습니다. 또 정신없는 하루를 보내고 나서 집에 들어가면 피곤해 잠은 쏟아지는데, 정작 잠들고 난 후 얼마 지나지 않아 깨어나는 일이 잦았습니다. 단골 내과와 종합병원 부정맥 클리닉에서 각종 검사를 받아봤지만, 모두 문제가 없다며 아무래도 스트레스 때문인 것 같다고 했습니다.

마음 클리닉에서 공황 장애 약물과 필요시 복용할 수 있는 몇 가지 약을 처방하며, 저는 G와 이야기를 나누게 되었습니다.

"주변 사람들 때문에 미칠 지경이에요."

G는 일을 시작하고 어느덧 10여 년이 흘러 주변을 돌아보니,

본인이 사업장 관리는 물론 인사 관리까지 도맡아 하고 있다는 걸 깨달았다고 했습니다. 따로 명함이 있는 건 아니었지만, 거의 사장이나 다름없었던 거죠. 남편과 시댁 식구들도 당연히 G가 모든 일을 알아서 잘 처리하려니 하고 그에게 일을 떠미는 눈치였습니다.

직원들도 문제였습니다. 하루가 멀다고 직원들끼리 소리 지르고 싸우는 일이 생겼습니다. 퇴근 후에는 서로 어울려 술을 마시면서 유부녀 직원에게 남자를 소개해 주기도 해 난리가 나기도 했답니다. 아무래도 문제가 되는 직원들을 정리해야 할 것 같은데, 남편은 "그냥 당신이 알아서 해"라고 하며 나 몰라라 딴전만 피웁니다.

상황이 이런데도, 집안 대소사마저 언제나 G의 몫입니다. 어디 그뿐인가요. 집안 사람들의 말도 안 되는 행태를 보다 보면 속이 터집니다. 그나마 게으른 큰아들은 제대하고 나서 복학 전 여행을 다녀오더니 정신을 좀 차린 것 같아 두고 보고 있지만, 다른 가족들은 난리도 아닙니다. 손위 시누이는 전화를 걸어 계속 같이 절에 다니자고 하면서 어거지를 부리다, 급기야 최근에는 본인이 신내림을 받았다며 자기를 믿으라고 합니다. G가 독실한 천주교 신자인 걸 뻔히 알면서도 그러니, 스트레스가 이만저만이 아닙니다. 친정 언니는 잊어버릴 만하면 무능력한 조카를 G가 일하는 공장에 취직시켜 달라고 조르는데, 그 징징거리는 소리를 듣는 데도 이골이 났습니다. 하나뿐인 시동생은 제사 때 오지도 않으면서 늘상 빤질거리고 가끔 전화해서는 돈이나 빌려달라고 졸라댑니다.

"일이 많은 건 그나마 감당하겠어요. 집안일이든 바깥일이든…. 정말 스트레스받는 건 제가 이렇게 애쓰는데도 사람들이 뒤에서 오히려 제 욕을 한다는 거예요."

이유 없는 두근거림이 나타나고 1년이 지나서야 겨우 클리닉을 찾은 G는 내게 한숨을 쉬며 이렇게 속내를 털어놨습니다. 물론 사람들 때문에 더 힘들다곤 했지만, 저는 우선 G가 일을 너무 많이 하는 게 문제라 판단하고 조심스레 이렇게 말해주었습니다.

"본인이 다 하려고 하지 마세요. 이제는 하시는 일을 좀 줄이셔야 합니다."

남편을 비롯한 가족들은 G가 여러 가지 일을 감당해 주는 걸

어떻게 생각할까요? '너무 힘들겠다' '고맙다'라고 느낄까요? 전혀 그렇지 않습니다. 그저 당연하다고 여길 겁니다.

불편한 진실을 하나 이야기해 볼게요. 집에서 엄마에게 병이 나면 대부분의 가족들은 어떤 마음이 들까요? 물론 사랑하니까 마음이 아프긴 하겠죠. 하지만 대체로 속마음을 뜯어보면 '불편함'을 느끼는 경우가 더 많습니다. 이런 불편함은 얼마 지나지 않아 '짜증'으로 드러나게 마련이죠.

아직도 우리 사회에서는 가족 중 아내 혹은 엄마가 다른 구성원에게 사랑을 주고 집안의 대소사를 책임지는 존재로 인식되어 있습니다. 그렇게 정해진 법이 있는 것도 아닌데, 많은 여자분들이 이런 이유로 죄책감을 느끼기도 합니다.

'당연히 이렇게 해야지'라는 생각이 든다면 그게 아닐 수도 있다고 의심해야 합니다. 아무도 내가 해야 할 역할에 대해 규정해 주지 않았습니다. 때때로 가족 안에서 희생을 해야 하는 순간도 있긴 하겠지만, 언제나 그럴 수는 없잖아요. 그래서도 안 되고요. 내가 할 수 있는 범위에 대해 곰곰이 생각하고 그 외의 것에 대해서는 욕을 먹든 말든 손을 떼야 합니다.

이때 꼭 기억해야 할 점, 바로 세상 사람들은 어차피 당신에 대해 모두 좋게 말하지는 않는다는 것입니다. 가족도 마찬가지예요. 당신이 잘해줄 때는 좋다고 하겠지만, 당신에게서 원하는 것을 얻지 못하면 당신을 비난하거나 떠나갈 수도 있어요. 인정하기 싫지만, 가족이야말로 서로에게 가장 많이 상처를 주는 존재들이라는 거, 잘 아시잖아요.

전 무엇보다 G가 이제 자신의 체력과 마음을 다스리는 데 집중했으면 합니다. 내 곳간에 뭐라도 좀 있어야 필요한 사람에게 퍼줄 수 있는 거니까요. 이건 물질이 아니라 정신도 마찬가지죠. 그게 궁극적으로 내 가족과 주변 사람들에게 더 좋은 일입니다.

되는 일이 하나도
없는 날에는

M이 마인드 클리닉에 세 번째 방문한 날이었습니다.

M은 30대 초반의 여성으로 밝은 갈색 단발머리를 한, 씩씩해 보이는 분입니다. 그런데 웬일인지 그날은 다소 긴장된 얼굴로 망설이듯 자리에 앉았습니다.

이전 방문에서, 그는 일에 익숙지 않은 사회 초년생이라 월급이 그리 많진 않지만, 직장에 다닌 지 1년이 넘고 나니 일은 그런 대로 할 만하다고 했습니다. 그는 총무 팀 소속인데, 하는 일은 다양합니다. 그중 홍보 자료 작성을 많이 하고 있습니다. 사실,

학창 시절 사진반도 했고 학교 신문 기자로도 몇 년 활동했던 터라 지금 하는 일이 그리 어렵지는 않습니다. 직장 선배들도 썩 잘해주는 건 아니지만, 그렇다고 괴롭히진 않으니까요. 거슬리는 사람도 없고요. 일 잘한다는 소리도 종종 듣고 있습니다.

그가 클리닉에 찾아온 이유는 직장 생활을 처음 시작하며 사람들이 이것저것 일을 시키느라 말을 시킬 때 얼굴이 자꾸 붉어져서였습니다. 직장 생활에 잘 적응하기 위한 상담을 지속하는 한편, 세로토닌을 올려준다는 항우울제를 한 알씩 먹기 시작하면서 그 증상은 많이 없어졌죠. 가끔 회식을 할 때면 술잔을 받아야 하는 게 고역이었지만, 학교 동아리에서도 그런 일은 있었던 터라 견딜 만했습니다. 근무한 지 1년이 지나고 나서는 회사 환경에도 많이 익숙해지고 동료들과도 제법 잘 어울리게 된 것 같아 기분 좋을 때도 있었습니다.

그런데 얼마 전부터 좀 이상한 증상이 나타나기 시작했습니다. 일을 마치고 집에 와서는 보통 TV나 유튜브를 보다가 잠자리에 드는데, 자기 전에 맥주나 소주를 한 잔이라도 해야 마음이 좀 가라앉고 잠들 수가 있다는 것입니다. 술을 마시지 않은 날에는 침대에 누워도 괜히 가슴이 두근거리고, 긴장이 풀리지 않고, 잡생각이 많아져 잠이 잘 안 옵니다. 최근 한 달간은 거의 매일

한 잔씩은 마시는 것 같습니다. 그러다 혹시 치료를 받아야 하는 건 아닌가, 덜컥 걱정이 들었습니다.

M이 고향 근처 대도시에서 대학을 졸업하고, 서울에 직장을 구해 온 지 벌써 5년이 넘어갑니다. 가족과 1주일에 한두 번씩 주기적으로 통화도 하고, 가까이 사는 친구들과도 꾸준히 교류를 하고 있어서 특별히 외롭거나 하지는 않습니다. 부모님은 두 분 모두 건강하게 잘 계시고, 남자친구는 있다가 없다가 하는데 20대 중반에 그랬던 것처럼 딱히 애인이 없어서 고민되거나 하는 것은 아닙니다.

주중에는 보통 야근까지 해야, 할 일들이 마무리됩니다. 오후쯤 결재가 이루어지고 나서 그에 따른 실행해야 할 업무들이 줄줄이 떨어지는데, 그 일들을 마무리해 다음 날 아침 보고를 해야 하는 경우가 잦기 때문입니다. 상황이 이렇다 보니, 평일 저녁에는 친구들을 만날 시간이 전혀 없습니다. 그냥 SNS로 친구들끼리 수다를 떨며 이모티콘이나 주고받는 정도죠. 직장에 다니는 친구들은 대체로 사는 게 비슷한 것 같습니다.

지금 다니는 직장은 계약직으로 뽑힌 거라 이제 1년을 마저 채우고 나면 또 다른 직장을 알아봐야 합니다. 맡고 있는 일에 많이 익숙해졌는데, 2년의 계약 기간이 끝나고 난 이후 나의 미래가 어떻게 될지 모른다는 점이 늘 마음에 걸립니다.

사실, 오늘 M은 되는 일이 하나도 없었습니다. 아침에 머리를 말리느라 조금 늦게 나왔더니 전철에 사람들이 너무 많아 지각을 했고, 어제 해놓은 일을 높은 분이 마음에 안 들어해서 잔소리도 많이 들어야 했습니다. 직장에서 하는 일이라는 게 대체로 그렇겠죠. 윗사람 마음에 안 들면 모두 다시 해야 하니까요. 부팀장이나 파트장 들도 고생이죠.

반복된 일을 하며 이유 없이 막연한 불안증을 느끼는 경우는 아주 많습니다. 입시나 취업을 준비하는 학생들이 가장 대표적입니다. 남들이 이렇게 해야 한다고 하니 이른 새벽부터 늦은 밤까지 열심히 시간을 보내긴 하지만, 그렇게 한다고 나의 앞날이 보장되지는 않죠. 이런 사실을 생각하면 우리는 늘 불안할 수밖에 없습니다.

고용 보장이 불확실한 아르바이트직이나 계약직으로 일하는 분들 중에는 미래를 불안해하는 분들이 당연히 많습니다. 그런데 비교적 안정적인 일자리를 보장받는 것으로 여겨지는 의대생들 중에도 원하는 과에서 레지던트를 할 수 있을지, 원하는 병원에 자리를 구할 수 있을지 불안해하는 이들이 많습니다. 심지어 전문의 자격을 따고 대학 병원에 취직한 의사들도 교수가 되려고 죽어라 논문을 쓰고 진료를 보면서 늘 불안해합니다. 아무래도, 다 자기 입장에서 원하는 것이 있기 때문에 그럴 겁니다.

그런데, 불안 증상이 꼭 나쁜 것일까요? 저는 그렇게 생각하지 않습니다. 오히려 무언가를 하고 싶어 하고 꼭 하려고 할 때 느끼는 불안은 지금 겪는 어려움을 견디며 살아가는 원동력으로 작용합니다. 하고 싶은 마음만 있고 노력하지 않는다면, 우리는 그냥 게으른 사람일 뿐입니다.

불확실한 미래에 대한 걱정은 마음 한구석에 놓아 두고, 하루하루 지금 하는 일들을 해내며 살아가는 게 인생일 수도 있지 않을까요? 학창 시절 귀에 못이 박히도록 들었던 '진인사대천명盡人事待天命(최선을 다하고 하늘의 뜻을 기다린다)'까지 생각할 필요도 없습니다. 그냥 지금 우리가 할 수 있는 건 우리 앞에 놓인 그날그날을 성실하게 겪어나가는 것이라는 말이죠.

많은 이들이 이처럼 미래에 대한 불안을 안고 살아갑니다. 그건 소위 '잘나간다'는 말을 듣는 사람도 마찬가지입니다. 겉으로 보기엔 모든 것을 다 이루고 화려하게 사는 것처럼 보이는 이들 중에도 집에 가면 하릴없이 TV 리모컨을 위아래로 넘기면서 상넘에 잠기다 잠을 청하는 분들이 부지기수입니다.

2018년 영국에서 법학을 가르치는 선생님 185명을 대상으로 설문 조사를 진행한 적이 있습니다. 조사 결과, 선생님들 대다수가 스트레스와 불안, 심지어 분노를 느끼고 있다고 대답했습니다. 이들 중 상당수는 정상 범위의 불안 증상을 갖고 있었지만, 개중에는 직장을 그만두거나 우울증에 시달리는 이들도 있었습니다.[1]

불안 증상이 있으면서도 잘 살아가는 분들은 한 가지 특징을 가지고 있습니다. 그들은 자신이 하고 있는 일에 대한 자율성과 의지를 갖고 있습니다. 즉, 본인이 결정해서 하고자 하는 일을 밀고 나갈 수 있다는 것입니다.

지금 여러분이 느끼는 불안은 어쩌면 당연한 것일 수 있습니다. 하지만 모두가 불안을 느낀다고 해서 다 그 불안에 휘둘리는 것은 아닙니다. 불안을 견디기 힘들다고 술을 한잔씩 마셔 버릇하다간 알코올 중독이 되기 십상입니다. 그건 조심하세요.

M은 이제 곧 몸에 해롭지 않게 마음을 다루는 자기만의 방법을 터득하게 될 것입니다. 사람마다 그 방법은 다를 수 있어요. 누군가는 운동을 하고, 누군가는 일기를 쓰죠. 어떤 분들은 잠들

기 전에 스트레칭을 하거나 명상을 하듯이 숨 고르기를 하기도 합니다. 걷기 같은 규칙적인 운동과 명상은 불안 증상을 쉽게 다룰 수 있도록 도와줍니다.

원래 하는 일이 다 잘 되는 날은 별로 없습니다. 그럼에도 우린 하루하루를 '그냥' 살아가는 경우가 더 많습니다. 미래가 불안한 것은 여러분만의 문제가 아닐 가능성이 커요. 그 사실을 아는 것만으로도 분명 위로가 되실 겁니다.

감정 노동을 대하는
마음가짐

'감정 노동'이라는 말이 이제 더는 낯설지 않은 것 같습니다. 일을 하면서 본의 아니게 자기 감정을 숨기고 상대에게 맞춘 감정을 억지로 내보이는 것. 당연히 스트레스가 커질 수밖에 없겠죠. 각종 회사의 콜센터 상담 직원, 은행 창구 직원, 민원 부서 담당 직원, 매장 판매원, 병원 원무과 직원 등이 감정 노동을 하는 분들이라고 할 수 있습니다. 조금 더 범위를 넓히자면 판매원, 간호사, 저 같은 정신 건강 전문의 들도 감정 노동자라고 할 수 있을 것이고요.

어쩌면 남에게 무언가를 설명하고 그를 기분 좋게 해서 물건을 사게 만들거나 내가 원하는 계약을 하게 만드는 직장인들 모두가 감정 노동자라고 볼 수도 있겠습니다. 상사에게 프레젠테이션을 하고 지시를 받고 잔소리를 들으면서도 마음에 없는 칭찬을 하는 것 역시 알고 보면 일종의 감정 노동이라고 볼 수 있을 것입니다. 실은 의사들도 엉뚱한 고집을 부리거나 얼토당토않은 소견서를 써달라고 우기는 분들에게 친절하게 설명해 주는 시간이, 환자를 치료하는 시간보다 더 길 때가 많으니 할 말 다 했죠. 제 글을 갈무리해 주는 편집자도 수시로 "잘한다"고 저를 칭찬해 주고 "마감이 늦어도 괜찮다"고 격려해 주는데, 그러다 문득 짜증이 나지나 않을까 걱정입니다.

최근 제 연구 팀에서 분석한 바에 따르면, 감정 노동자로 분류되는 분들은 고객의 '갑질' 탓에 일반인보다 심각한 수준의 스트레스를 여섯 배나 더 받는다고 합니다. 정말 심각한 수준이 아닐 수 없죠. 여성의 경우, 이런 스트레스가 실제 우울증으로 이어질 위험도 두 배나 컸습니다. 그나마 남자들의 경우는 직무의 자율성이 주어지는 경우가 많아 스트레스 레벨이 상대적으로 낮았습니다.

예전에는 콜센터에서 상담원이 말도 안 되는 황당한 이야기를 하거나 욕설을 퍼붓는 전화를 받아도, 상대방이 전화를 끊기 전에는 먼저 상담을 종료할 수 없었습니다(요즘은 그나마 욕설이나 성희롱 등 폭력적인 상황이 생기면 규정에 따라 전화를 끊어버릴 수도 있다고 하니 다행입니다). 이런 상황에서 회사 규범이나 기준에 의해 만들어진, 원치 않는 감정적인 표현을 계속하다 보면 감정이 말라버릴 수밖에 없죠. 소위 '번아웃 증후군'이라는 것이 그것입니다. 나른해지고 기운 없고 모든 의욕이 사라지는 것이 번아웃 증후군의 대표적인 증상이라 할 수 있습니다. 쉬어도 쉬는 것 같지 않고, 이유 없이 불안한 기운이 늘 남아 있는 것도 그렇고요.

클리닉에서 만난 H의 증상도 비슷했습니다. H는 대형 쇼핑센터에서 서비스직으로 일하고 있습니다. 전화로 상대의 고충이 무엇인지 듣고 이를 처리해 주는 일을 하고 있는데, 이런 일은 대개 매뉴얼대로 진행하면 되기 때문에 큰 어려움은 없었다고 했습니다. 게다가 평소 밝은 성격이라 스트레스를 많이 받는 편도 아니었고요.

그런데, 2년 차에 접어들면서 요즘은 좀 힘이 부치다고 했습니다. 내가 하기 싫고 못 해주는 게 아니라 매뉴얼대로 몇 가지 확인을 하고 나서 절차대로 처리해 주려고 하는 건데, 그걸 못 참고 소리부터 지르는 고객들이 있어서 그런 것 같다고요. 게다가 가끔씩 심각한 진상 고객을 만난 다음에는 스트레스가 극에 달한다고 했습니다. 요즘은 일이 끝나고 나서 퇴근을 해도 마음이 잘 안정되지 않아서인지 계속 잠을 설친답니다.

말도 안 되는 요구를 하거나 매뉴얼에 없어서 해줄 수 없는 교환/환불을 요청하는 고객들 중 화를 내거나 소리를 지르는 분들이 유독 많다고 합니다. 게다가 업무 특성상 고객과 대화를 나누는 동안에는 웃겨도 웃을 수가 없고요. 화가 나도 슬퍼도 웃겨도 친절하게 답하는 것이, 불문율을 넘어 의무로 되어 있으니까요. 고객이 끊지 않으면 전화도 먼저 끊을 수 없었던 얼마 전까지는 그 욕을 고스란히 들어야 했습니다. 혹시 전화를 먼저 끊더라도 그 고객이 다시 전화를 걸어 나를 찾는 일이 비일비재했고요. 이럴 때면 끓어오르는 분노에 소화 불량이 되기도 하고, 내가 왜 이러고 있나 하는 자괴감에 우울해지기도 했습니다.

2018년에는 이런 일을 막기 위해 일명 '감정 노동자 보호법'이 시행되었습니다. 회사는 직원을 보호해야 하고 이를 지키지 않으면 과태료까지 물린다고 법에 명시된 것인데요, 실제 현장에서 이것이 어떻게 지켜지고 있는지는 자세히 살펴볼 일입니다. 더구나, 감정 노동을 하게 되는 직무군 대부분은 파견이나 용역 형태로 일하는 경우가 많다 보니, 직장 규모나 분위기에 따라 법을 지키는 수준이 달라질 수 있겠다는 생각도 듭니다.

결국 일터의 분위기와 주변 상황이 가장 중요합니다. 노동자들에게 충분한 권한을 주고, 그들이 본인의 자존감을 잘 지켜가도록 시스템 자체를 잘 구축하는 것이 경영자 혹은 관리자의 몫이겠죠.

하지만 이것은 어디까지나 개인이 해결할 수 없는 차원의 원칙적인 해법입니다. 지금 당장 감정 노동으로 인해 고통받고 있는 개인에게는 너무 먼 이야기처럼 들릴 수밖에 없습니다. 결국 나 스스로 '그 인간들'의 말에 상처받지 않고 그 못된 말들을 흘려보내는 연습을 하는 게 더 중요할 수 있다는 것입니다.

아주 냉정하게 말하자면, 직장 생활이라는 건 소위 '영혼을 팔아 먹고사는 것'이라고 할 수도 있습니다. 우리가 받는 임금에는 실제 노동에 대한 대가뿐 아니라 감정 노동에 대한 대가까지 포함되어 있으니까요. 그 감정 노동이라는 것이, H가 전화 문의를 받았을 때 친절한 목소리로 매뉴얼에 맞게 응대를 하고 정보를 제공해 주는 것 정도라고 본다면 말이죠.

이 감정 노동에는 '고객을 상전처럼 대하는 것' '고객에게 상

처를 받아도 꾹 참는 것' 등이 포함되지 않습니다. 고객에게는 그
럴 권리가 전혀 없으니까요. 당신의 고용주 또한 마음의 상처를
감내하는 것까지 고용 조건으로 내건 적은 없었을 것이고요.

일터에서 만나는 진상들은 그저 자신의 복잡한 인생사 속에서
비뚤어진 마음을 가지게 된, 내 인생의 엑스트라일 뿐입니다. 그
런 인간들을 만났을 때에는 이렇게 되뇌어보세요.

"그런 인간한테 상처를 입고 안 입고는 내가 결정한다."

물론 그런다고 가시 돋친 말을 듣고서 전혀 상처받지 않을 수
있을까요? 그런 기적은 없습니다. 중요한 건, 그 상처가 내 삶에
흉터로 남게 하지는 말자는 겁니다. 상처 주는 건 그 인간인데,
우리는 종종 그 이후 자신의 마음 때문에 더 상처를 입기도 하잖
아요.

'저 인간 말처럼 내가 이렇게 머리가 나빠서 이런 일을 당하
나?'
'아까 왜 한마디도 제대로 못 했지? 난 정말 바보인가 봐.'
'내가 능력이 없으니 그런 말을 듣고도 일을 못 그만두지.'

정말 커다란 내상은 바로 이런 생각 때문에 만들어질 때가 많습니다. 이런 걸 그냥 두면 트라우마로 남게 됩니다. 이런 생각이 끼어들 것 같으면 잊지 말고 소리 내어 말해 보세요.

"상처를 입고 안 입고는 내가 결정한다."

무방비 상태로
갑질을 당했을 때

최근, 감정 노동과 함께 사회적으로 심각하게 거론되는 이슈 중 하나가 바로 '갑질'입니다. 갑질과 감정 노동은 떼려야 뗄 수 없는 관계입니다. 구조적으로, 갑질을 하는 대상으로 인해 감정 노동을 하게 되는 경우가 많으니까요. 이런 갑질에는 육체적인 폭력도 해당되지만, 우월적 위치를 이용한 협박, 말로 상처 주는 것 등 타인에게 가하는 물리적·정신적 위해 행동이 모두 포함됩니다.

갑질이라는 말은 계약서를 쓸 때 더 힘 있는 쪽을 '갑甲', 좀 더 약한 쪽을 '을 z'이라고 표현하는 관행에서 나왔습니다. 원래는 그저 계약 관계 당사자들을 편의상 부르는 말이었던 셈입니다. 그러던 것이 어느 날부터인가 마치 상하 관계 혹은 주인과 아랫사람의 관계를 일컫는 말처럼 되어버렸습니다. 아마도 "갑은 을에게 ○○한 것들을 요구할 수 있다"고 하는 내용의 계약이 많이 이루어지던 시절, 갑이 원하는 것을 아쉬운 을이 많이 들어주던 풍조에서 유래한 것이 아닌가 싶습니다. 그렇다 보니 직장에서 직급 높은 사람이 아랫사람에게 함부로 하는 행위도 갑질이 되어버린 것이겠죠.

사회 속 인간관계라는 것은 기본적으로 개인이 요리나 서류 작업, 청소 같은 노동을 하고 그에 대한 금전적 대가를 받는 계약 관계를 전제로 합니다. 그 일에 인격적으로 아랫사람 행세를 하거나 굽실거리는 것은 포함되어 있지 않습니다. 그럼에도 불구하고 월급이나 물건 값을 준다는 이유만으로 자신이 인격적으로나 신분적으로도 윗사람이 된 것이라 착각하는 사람들이 주변에 참 많습니다.

후배들과 편하게 대화를 하던 중 어떤 식의 갑질이 가장 괴로울까, 하는 이야기가 나왔습니다. 고객이 하는 갑질, 거래처에서

하는 갑질 등등 다양한 이야기가 나왔는데, 그중 가장 힘들다는 데 이견이 없는 갑질은 바로 '직장 상사의 갑질'이었습니다. 직장 상사는 매일, 수시로 마주쳐야 하는 존재이다 보니(심지어 퇴근 이후에도 연락이 오죠), 숨을 쉴 구멍이 없다는 겁니다. 자연스럽게 자기가 만났거나 전해 들었던 끔찍한 직장 상사들 이야기가 하나둘씩 등장했습니다. 그중 한 후배의 친구가 겪고 있는 직장 상사 이야기에 모두의 관심이 쏠렸습니다.

후배의 친구는 입사 2년 차로 명문 대학 출신에다 어학 실력과 전산 능력까지 갖춘 엘리트라고 합니다. 졸업 후 비교적 무난하게 취업을 했죠. 원래 원했던 쪽은 홍보나 마케팅 부서였지만, 지금 일하는 영업 부서도 일은 할 만하다고 합니다.

문제는 자신이 속한 팀의 팀장이었습니다. 나이도 자기보다 열 살 이상 많고 경력도 출중해서 많이 배워야겠다고 생각했는데, 입사 첫날부터 그 팀장이 입에 욕을 달고 산다는 걸 알게 됐습니다. 부서 팀원들과 회의를 하기만 하면 마음에 들지 않는 것 투성이라는 양 온갖 모욕적인 말들을 하고요.

"넌 어디서 뭘 배웠기에 이것도 할 줄 모르냐? 허긴, ○○ 대학에서 뭘 제대로 가르치겠어."

이렇게 상대방을 무시하는 말을 거의 매일 내뱉습니다. 신입에게 일 가르쳐주는 건 당연한 의무인데도 뭐 하나 알려줄 때마다 얼마나 구박을 하고 생색을 내는지, 차라리 온라인 게시판에 물어보는 게 낫겠다 싶습니다. 그렇게 막말을 하다가도 회사 임원들이 들어오면 순한 양처럼 행세하는 모습을 보고 있자니 기가 막힐 노릇이고요.

다른 후배도 자기가 들은 끔찍한 상사 이야기를 이어갔습니다. 이 사람은 회식을 너무 좋아한답니다. 최소한 1주일에 한두 번은 퇴근 후 술자리를 갖는데, 시간 되냐고 묻지도 않고 "아, 오늘 술 당긴다. 그 집 예약해 놔" 하는 식이랍니다. 그나마 다행인 건 술값은 늘 본인이 낸다는 것 정도. 문제는 이 상사가 지독히도 술을 권하는 데다 취하면 갑질이 더 심해지는 타입이라는 점이었습니다.

그렇게 지옥의 술자리를 가진 후 다음 날 아침이 되면 죽을 만큼 출근하기가 싫어진다고 합니다. 이렇게 싫은 사람을 웃는 얼굴로 아무렇지 않은 척 대해야 한다는 게 너무 큰 고통인 것이죠. 아마도 상사 얼굴만 떠올리면 곧바로 사표를 쓰고 싶은 심정일 겁니다.

이렇게 타인에게 갑질을 일삼는 사람은 어딜 가나 한 명 이상은 있는 것 같습니다. 예전 남자 어른들은 흔히 군대에 갔을 때 이런 선임들을 많이 만났었다고 말합니다. 가르쳐준다고 하면서 오히려 윽박지르고 더 괴롭히는 군대 선임에 대한 기억을 가진 분들 중에는 그때의 기억이 트라우마로 남았다는 이들이 많습니다. 수십 년이 지난 지금도 그 인간이 떠오르면 욱하는 마음에 욕설이 나올 때도 있다면서요. 여자 어른들 중에는 어린 시절 시집 와서 시어머니나 시누이에게 별다른 이유도 없이 트집 잡히고 노예처럼 무시당하던 기억에 아직도 치를 떠는 분들이 있습니다. 병원에서도 전공의 위 연차가 아래 연차에게 수술이나 치료에 필요한 기술을 가르쳐주면서 무시하고 하대하고 함부로 하던 때가 있었죠. 그러고 보면 갑질은 꼭 요즘만의 문제는 아닌 것 같네요.

분명한 것은, 직장에서의 서열이나 계약상의 갑을 관계가 인간 대 인간의 상하 관계를 의미하는 것은 아니라는 점입니다. 설사 윗사람이 회사를 소유한 사람이라고 해도, 그가 회사 주인인 것과 그가 아랫사람에게 함부로 대하는 것은 완전히 별개의 문제입니다.

또한, 시간이 가면 누구나 할 수 있는 일을 단지 '먼저 할 줄

안다'고 해서, 그것을 생색의 근거로 쓰며 아랫사람을 함부로 대하는 것은 심리적으로 대단히 미성숙한 행위입니다. 앞의 이야기에 등장한 직장 상사들 역시 마찬가지입니다. 어쩌면 이들은 심리적으로도 미성숙한 만큼, 일 처리 역시 깔끔하지 않을 가능성이 대단히 큽니다. 할 줄 아는 게 적기 때문에 오히려 그 점을 드러내지 않으려고 더 아는 게 많은 척한다는 거죠. 또 사람이란 본인 자신에 대한 존중감이 낮고 열등감이 클수록 나보다 아래로 보이는 사람에게 함부로 하는 법이기도 하고요.

그냥 그 정도가 그 인간의 그릇입니다. 무언가 깨달음을 얻고 더 나은 인생으로 나아갈지 말지는 그 인간이 선택해야 할 몫이죠. 하지만 그 사람 때문에 당신의 마음이 황폐해지는 건 당신의 문제입니다.

결국은 이 시간이 흘러가게 두는 수밖에 없습니다. 안타깝지만 이게 현실입니다. 냉정히 생각하면, 당신이 평생 그 사람과 지낼 가능성은 별로 없습니다. 어쩌면 몇 년 후에는 당신이 그 사람보다 더 높은 자리에 있을 수도 있고요.

물론 당장 견디기 힘들 만큼 괴롭힘을 당하고 있다면 무작정 참을 수만은 없을 겁니다. 다행인 것은, 2019년부터 '직장 내 괴롭힘 금지법'이 시행되고 있어 각 사업장에서 각별히 주의를 하고 있다는 점입니다. 그러니 회사 생활이 도저히 출구가 보이지 않는 지옥과도 같다면, 법의 도움을 받아보는 것도 방법일 수 있겠습니다.

한 가지 더, 갑질의 연쇄 반응에 주의해야 합니다.

갑질을 당한 후 그로 인해 끓어오르는 감정을 잘 다스리지 않으면, 그 화는 계속 아래로 내려가게 되어 있습니다. 미숙한 사람일수록 자기가 무언가를 당하면 자기보다 약해 보이는 존재에게 화풀이를 하게 마련이거든요. 이런 사실을 늘 염두에 두고 있지 않으면 내가 갑질의 가해자가 될 수도 있습니다. 내가 그런 미숙한 사람이 아니라는 보장이 없으니까요.

그렇다면, 내게 갑질을 한 사람과 맞서 싸우는 게 답일까요? 개개인의 성격에 따라 다르겠지만, 꼭 그것만이 해답은 아닙니다. 부부간에도 배우자의 언어적·신체적 폭력에 맞서서 그와 똑같이 행동하는 경우, 우울감이나 자괴감이 더 든다고 하는 연구도 있습니다.

저는 그보다 흘려보내는 연습을 하길 권합니다. 내 마음에 흔적을 남기지 않도록 그 분노와 화를 떠내려 보낸다고 생각해 보세요. 화가 치밀 때마다 깊은 숨을 내쉬며 실제로 그 분노를 날려

버리는 상상을 해보는 게 도움이 됩니다. 여러 번 반복적으로 연습해 보세요.

그리고 잊지 마세요.

당신은 그 인간보다 훨씬 더 성숙한 사람이라는 것을요.

세상에 믿을 사람
하나도 없습니다

20대의 막바지에 접어든 젊은 여성 B가 찾아왔습니다. 엄마가 미워 죽겠다는 이유였죠. B는 믿고 따랐던 엄마에 대한 지독한 배신감 때문에 분노 조절이 안 되고 가슴 뛰는 증상이 가라앉질 않는다고 했습니다. 주변에서는 혹시 부정맥이나 공황 장애일지 모른다고 했지만, 본인 생각엔 아무래도 스트레스 때문인 것 같다면서요.

디지털 고등학교에서 회계를 공부했던 B는 졸업 후 작은 회사에 들어가서 경리 업무를 배웠습니다. 어려서부터 영리하다는 말도 자주 들었고 크고 작은 아르바이트 경험도 많았던 B는 금방 일을 배웠습니다. 학원에 다니면서 일에 필요한 각종 회계 프로그램 자격증도 몇 개 땄고, 내친 김에 인터넷과 주말 시간을 이용해 대학도 졸업했습니다.

"사장님은 저를 많이 믿고 계세요. 저한테 많이 의존하시죠. 고액 연봉까진 아니지만, 월급도 그럭저럭 올라가고 있고요. 남자친구도 듬직해요. 오빠랑은 7년 정도 사귀었는데, 요새 결혼 이야기를 진지하게 나누고 있어요."

그런데 문제는 엄마였습니다. B는 어려서부터 수입은 모두 엄마한테 맡기고 용돈도 타서 썼다고 했습니다. 엄마들의 단골 멘트 "엄마가 시집갈 때까지 관리해 줄게"라는 말을 철석같이 믿은 거죠. 그런데 막상 결혼을 하려고 보니, 자기 이름으로 몇백만 원들어 있는 적금 통장 하나를 제외하곤 아무것도 남은 게 없다는 걸 알게 된 겁니다.

엄마 입장에서는 남편이 벌어오는 돈 이외에 자식 월급 통장에 들어오는 돈이 추가 수입이었던 셈입니다. 덕분에 그간 여유 있게 살림을 한 것이고요. 딸이 시집갈 땐 어차피 사위 될 친구와

서로가 필요할 땐 도움의 손길을 내밀어주되,
기본적으로 자기 인생은 자기가 잘 꾸려가야 합니다.

둘이 알아서 어떻게 하지 않겠나, 하는 기대감도 있었던 것 같답니다.

"차라리 이렇게 돼서 미안하다고 했으면 이해하려고 했을 거예요. 근데 오히려 '네 아빠 수입이 그리 많지 않은데 네가 지금 시집을 가면 동생들 학비랑 집안 생활비는 다 어떻게 감당하느냐'고 하는 거예요. 너무나 떳떳하게요."

몇 차례의 마인드 텔링 시간을 거치면서 B는 어떤 이야기를 들려주었을까요?

처음에는 엄마에 대한 섭섭함과 분노였습니다. B는 '엄마 말을 잘 듣는 착한 딸'이란 칭찬이 듣기 좋았고, 엄마에게 돈을 맡기는 게 낭비를 줄이는 현명한 방법이라 생각했다고 했습니다. 그런데 이번 일을 겪으면서 부모라고 다 자식을 위해 헌신하고 희생하는 존재만은 아니라는 걸 절실히 깨달았다고 했습니다.

엄마 입장에서는 그럴 수 있습니다. 그간 키워주느라 딸한테 들인 돈도 있으니, 다 큰 자식이 나이 든 부모에게 돈을 벌어다 주는 게 당연하다 여겼을 수 있죠. 이제 자기 역할은 자식 잘 되라고 열심히 기도해 주는 것, 그 정도라고 생각하면서요.

마지막 마인드 텔링 시간에 B가 한 이야기는 이것이었습니다.

"엄마랑 저, 생각에 차이가 많다는 걸 알았어요. 그래서 그동안은 어쩔 수 없었지만, 이제부터라도 제 인생 계획은 제가 세워야겠다고 다짐했어요. 좀 늦은 감이 있지만요. 엄마한테 맡겨놓은 통장이랑 카드 모두 돌려받으려고요."

B의 경우, 경제적 독립을 획득하는 과정에서 가족 간의 불화가 있을 수밖에 없을 것입니다. 그러나 B의 결정은 결과적으로 옳았다고 생각합니다. 아직도 섭섭해하고 괘씸해하는 부모님을 생각하면 답답하겠지만, 지금부터 스스로의 인생을 잘 갈무리하고 살아야 나중에 부모님께서 더 고마워할 수 있을 테니까요.

저는 B에게 엄마가 혹시 이해를 하지 못하고 오랫동안 괘씸해한다면 너무 허탈하고 슬퍼지겠지만, 그건 어쩔 수 없는 일이라고 말해 주었습니다. 엄마의 마음은 엄마의 것이기에, 내가 할 수 있는 일은 제한적일 수밖에 없으니까요. 엄마의 마음을 변화시킬 수 있는 건 결국 엄마 자신뿐인 것입니다.

이것은 중요한 깨달음입니다. 앞으로 나와 가정을 꾸리게 될 반려자 등 새로운 가족 구성원들 역시 마찬가지입니다. 그들은 분명 당신의 든든한 지지자가 되겠지만, 그들 또한 당신 뜻대로 생각하고 행동하지는 않을 것이라는 점에 대해 저와 B는 한참 동안 대화했습니다. 대화의 막바지에 이르자, 우리는 서로 필요할 때 도움의 손길을 내밀어주되, 기본적으로 자기 인생은 자기가 잘 꾸려가야 한다는 결론에 다다를 수 있었습니다.

내가 중요하게 여기는 문제나 진정 원하는 것이 있다면 그것을 해결하거나 얻어낼 사람은 나밖에 없다는 점을 잊지 말아야 합니다. 이 점을 기억한다면 나를 이해하지 못하는 엄마와의 감정적 거리가 슬며시 벌어지면서, 조금은 마음이 누그러질 거예요.

나이 먹은 엄마도
알고 보면

얼마 전, 가족과 함께 한 식당에서 식사를 하고 있었습니다. 한 주간 있었던 일들에 대해 두런두런 이야기를 나누면서 음식을 기다리는데, 의도치 않게 칸막이 너머 계신 분들의 대화 소리가 들려왔습니다. 고등학교 동창생으로 보이는 중년 남성들의 이야기였습니다.

"어릴 적에는 아버지가 그렇게 커 보였어. 아무리 골치 아픈 일이 생겨도 아버지는 다 해결할 거라고, 모르는 게 없는 어른이라고만 생각했지."

"너, 아버지라면 끔찍했잖아. 아버지가 시키는 대로 다 하고 말대꾸 한번 안 하지 않았나?"

"그랬지. 큰형만 이것저것 챙겨주는 걸 알면서도, 어릴 적부터 원래 장남이 더 대접받고 살았으니까 그러려니 했지. 그런데 나도 이 나이 되고 나니, 아버지는 그냥 자기 잇속만 차리고 관심받고 싶어 하는… 한마디로 욕심 많은 노인네로 보이더라. 장남한테는 별 말도 못하면서 원하는 게 있으면 나한테만 오라 그러고, 안 간다 그러면 화내고. 그 욕심을 장남한테는 티도 못 내면서 왜 나한테만 그러는 건지, 원!"

"우리 집도 마찬가지야. 그저 점잖기만 한 분들인 줄 알았는데, 몇 가지 일을 겪고 보니까 그냥 고집 센 노인에 지나지 않더라고. 그냥 그렇게 생각하는 게 마음 편해!"

문득 직업병이 발동했습니다. 다양한 생각이 들었죠.

어린 시절 우리 대부분은 착한 아이였습니다. 부모의 존재는 우리 인생 그 자체로 여겨졌죠.

현재의 기준으로 보면 비교적 어린 나이라 할 수 있는 20대에,

많은 부모님들이 가정을 꾸렸습니다. 그리고 정말 열심히 인생을 사셨습니다. 많은 아버지들이 등 근육이 아파 잠을 이루지 못할 정도로 밤낮없이 일했고, 많은 어머니들이 그런 아버지와 함께 정말 억척스레 살림을 일구었죠. 자식들은 자신들보다 더 나은 환경에서 살아가길 기대하며, 그러기 위해 늘 공부 열심히 하란 말을 입에 달고 다니셨고요.

아들에게는 그렇게 열심히 사는 부모님이 자신의 전부였을 겁니다. 그래서 아버지가 하라는 대로 공부도 열심히 했고, "이런 건 큰형한테 양보해라"라고 하면 당연히 그래야 한다고 생각했을 겁니다.

그러던 아버지가 나이를 먹더니 완전히 다른 사람으로 보입니다. 그렇게 모든 걸 다 받아주고 좋은 건 다 몰아주던 장남, 번듯하게 잘살고 있는 장남한테는 "용돈 좀 달라" "이런 게 필요하다"라고 절대 말을 못 꺼냅니다. 아버지는 몸이 아프거나 꼭 필요한 게 생기면 차남인 자신한테만 전화를 합니다.

뭐, 처음에는 워낙 어릴 때부터 그렇게 배우고 자랐던 터라 그러려니 했습니다. 주변에서도 "어차피 부모는 주는 자식 따로 있고, 받는 자식 따로 있다"고들 하니, 이게 정상인가 보다 싶기도 했고요. 그런데, 이젠 해도 해도 너무하다는 생각이 떠나질 않습니다. … 라고, 한참 그분의 마음속을 그려보고 있는데, 이런 목소리도 들려옵니다.

"나도 이제 나이도 있고 내 가족도 있는데 무슨 일만 있으면 나보고 해달라고 하니, 이게 말이 돼? 하다못해 첫째 며느리한테는 말 한마디 못 하면서 내 와이프는 막 대한다니까!"

그분은 분통을 터뜨리고 있었습니다.

젊은 시절, 상대적으로 혜택받지 못한 자녀들은 가족에게서 비롯되는 마음의 상처를 안고 살아가는 경우가 많습니다. 그로 인한 슬픔이 평생을 간다고 토로하는 분들도 많고요.

문제는 그런 슬픔이 깊어지면 분노로 이어져 이성이 마비된다는 점입니다. 즉, 지금의 괴로움이 다 부모 때문이라는 생각에 사로잡히게 된다는 것이죠. 나이가 마흔, 쉰이 넘어서도 여전히 자기가 잘못을 저지르는 이유를 부모에게 돌리는 사람들이 어디 한둘인가요.

이런 생각에 빠지면 제대로 판단을 하기 힘듭니다. 어머니 혹은 아버지의 작은 결점이 풍선처럼 부풀려져, 마치 그들이 내 인생 최대의 악당인 것처럼 여겨집니다. 억울하고 화가 납니다. 내가 희생했던 시간들을 보상받고 싶기도 하고요. 그때 그 시절, '아버지가 형이 아닌 나에게 조금만 더 투자를 해줬더라면 지금보다 사는 게 훨씬 나았을 텐데' 같은 쓸모 없는 가정도 해보게 되고요. 결국 내 인생은 앞으로 나아가지 못하고, 그 감정들에 매인 채 정체되고 맙니다.

그분들을 바꿀 수는 없는 노릇입니다. 지난 시간을 보상받는 것도 불가능한 일이고요. 그렇다면, 현실을 인정하고 어느 정도 부정적인 감정을 내려놓을 필요가 있습니다.

부모님 인생은 부모님 인생,

내 인생은 내 인생!

이런 마음으로 딱 선을 긋고, 자식으로서 최소한의 도리만 해도 충분합니다. 그러고 나서 자기 인생에 집중하는 편이 더 현명합니다.

또, 나이 먹은 내 부모들도 마냥 헌신적이기만 한 존재가 아니라 본인의 욕망과 본능에 충실한, 평범한 사람이라는 걸 인정할 필요도 있습니다. 이 사실을 머릿속에 각인시키고 나면, 그동안 마음 졸이며 부모의 인정을 받으려 했던 나날들, 부모의 말 때문에 상처받고 한없는 슬픔과 분노에 휩싸였던 시간들, 그러면서도 '자식이 이런 생각을 하면 되나' 하고 죄책감에 시달렸던 순간들로부터 서서히 벗어나게 될 것입니다. 거짓말처럼 말이죠.

그저 보잘것없는
내 인생

　30대 후반의 J는 클리닉에 올 때마다 눈물 흘릴 준비가 되어 있습니다. 손수건을 쥐고 들어와 안부 인사를 나누고 나면, 벌써부터 눈가가 젖어들어 있습니다.

　J는 종합병원 원무과 창구에서 회계를 담당하고 있습니다. 학생 때부터 회계 공부를 해왔고, 안정된 직장이라는 추천을 받고 지금 일터에 들어간 지는 3년이 넘어갑니다. 힘들었지만 씩씩하게 일하며 J 남매를 키우던 엄마는 J가 중학생일 때 몇 년을 앓으시다가 고등학교에 입학할 무렵 돌아가셨습니다. 암이라고 했던

것 같습니다. 아빠는 엄마의 장례를 치르고 난 뒤엔 만난 적이 없습니다. 그 사람은 젊을 때부터 이것저것 여러 가지 일을 하고 살았지만, 뭐 하나 진득하게 했던 적은 없었던 것 같습니다. J는 어릴 적 아빠와 함께 놀이공원에 가서 놀던 추억이 희미하게 남아 있긴 하지만, 좀 크면서는 아빠가 집을 들락날락하며 엄마한테 돈을 마련해 내라고 소리를 지르고 난리를 피웠던 기억이 더 강하게 남아 있습니다.

엄마 장례를 치르고 나서, J 남매는 이모들이 신경을 써준 덕분에 기숙 학교에 들어갔습니다. 거기서 장학금을 받으면서 다니다 졸업했고요. 선생님들께 성실하고 착한 아이라는 칭찬도 많이 받았습니다. 군대를 제대한 남동생은 멀리 지방에 있는 회사에 기술직으로 취직해 나름대로 잘 다니고 있습니다. 가끔 통화를 나누며, 그렇게 각자 알아서 잘살고 있죠.

지금은 그저 인생이 조용합니다. 직장에서 일 못한다는 말은 듣지 않고 살고 있습니다. 직장 동료들과도 그런대로 잘 지내고, 가끔 데이트하는 남자친구도 있습니다. 친구들과도 종종 만나는데, 왜 결혼 안 하느냐는 듣기 싫은 질문도 오가긴 하지만, 요새는 뭐 늦게까지 혼자 사는 친구들도 많아서 그리 불편하지는 않습니다.

J는 몇 년 전부터 '내가 왜 사나' 하는 생각을 많이 했습니다. 하루하루 바쁘게 살면서도, 한편으로는 '내가 또 뭐 하려고 이렇게 열심히 사나' 하는 생각이 듭니다. 어릴 적 엄마가 돈 번다고 바쁘게 일하러 다니면서 집에 동생하고만 있던 기억이 떠올라 괜히 눈물도 나고요. 자기 인생이 별 의미 없는 것 같다고도 했습니다. 병원에서 일하다 보니 아픈 노인들을 많이 보는데, 그분들을 볼 때마다 '내 미래의 모습인가'라는 생각도 자주 듭니다.

그렇다고 '스스로 인생을 마감해야겠다' 하는 극단적인 결심을 하진 않습니다. '이러다 곧 마흔이 되고, 나는 계속 나이만 먹으며 늙겠지' 같은 생각만 하염없이 하다 보니 도통 인생에 재미있는 게 없을 뿐입니다.

자꾸 늘어지는 것 같고 멍해 보이자, 평소 친하게 지내는 직장 선배가 마음 클리닉을 권했습니다. 처음에 J는 '딱히 할 일도 없으니 다녀볼까' 하는 마음으로 이곳에 나왔다고 합니다. 그런데 여기만 오면 그냥 눈물이 나는 게 신기하다고 했습니다.

J는 전형적인 '멜랑콜리형 우울증'이었습니다. 인생이 의미 없다 느끼는 것은 우울증의 여러 가지 증상 가운데 기본적으로 내담자들이 가장 많이 호소하는 증상 중 하나입니다. J와 이야기를

나누며, 기운을 좀 내고 덜 늘어지도록 하는 데 도움이 되는 가벼운 우울증 약을 처방해 주었습니다. 그런 증상은 시간이 가면서 저절로 좋아지기도 하지만, 약간의 약을 먹으면 훨씬 빨리 좋아질 수도 있거든요. 그 덕인지, 이제 늘어지고 멍한 증상은 많이 사라졌습니다.

　J와 이야기를 나누면서 저도 계속 궁금해졌습니다.

　'인생의 의미가 무엇일까?' '왜 살아야 하는 거지?' '삶이라는 게 반드시 의미가 있어야 하는 건가?' '그렇다면 나는 무엇 때문에 살고 있는 걸까?'

　일전에 여행길에서 우연히 만난 스님과 대화를 하다 이런 이야기까지 나눌 기회가 있었습니다. 스님은 그러시더군요. 그렇잖아도 절에 오시는 분들도 그런 이야기를 많이 한다고요. 그런데 스님이 계신 절의 큰스님은 그런 질문을 하는 사람을 크게 꾸짖는다고 합니다. 세상에 건방지기 이를 데 없는 것이 그런 질문이라면서요. 그리고 이렇게 덧붙이신다고 합니다.

　"세상에 나고 죽는 건 내가 정한 것도 아니고, 다른 동물이나 식물 들처럼 그냥 열심히 살아가는 것이 삶인데, 자꾸 의미를 찾는 것이 무슨 의미가 있는가."

저는 이 말이, 살다 보면 좋은 일도 있고 슬픈 일도 있는 법, 그것이 인생의 당연한 이치이니 그날그날의 삶에 의미를 두고 살아가야 한다는 뜻으로 들렸습니다.

저의 삶도 당신의 삶과 크게 다르지 않습니다. 아마 이 책을 읽고 계신 당신도 서로 다른 직업을 갖고 서로 다른 상황에 놓여 있겠지만, J나 저와 크게 다르진 않을 거라 짐작합니다. 아침에 눈 뜨기가 무섭게 일어나 일하러 가고(혹은 집에서 무언가 일을 시작하고) 하루를 정신 없이 보낸 다음, 저녁에 집으로 돌아와 밥 먹고 TV든 책이든 스마트폰이든 조금 들여다보다 곯아떨어지는 것. 그렇게 평일을 보내면서 주말만 손꼽아 기다리는 것, 이렇게 사는 거죠.

이렇게 살고 싶지 않다면서 인생의 의미를 좇아 대안적인 삶을 살아가려고 하는 분들도 물론 있습니다. 무척 좋은 시도라고 생각합니다. 하지만 그분들이 찾은 대안적인 삶은 그분들 스스로 의미를 찾아 부여한 것일 뿐, 남들이 봤을 때는 전혀 의미 없게 느껴질 수도 있습니다. 삶에 정답이란 없는 거니까요.

저 역시도 삶의 의미를 묻는 J에게 정답을 말해줄 수는 없었습니다. 다만 그 큰스님의 이야기를 포함해, 이런저런 사례들을 들려주었죠. 그러면서 삶에 의미가 꼭 필요한 건 아니지 않을까, 하지만 만약 삶의 의미를 꼭 찾고 싶다면 그건 스스로가 중요하다 여기는 가치를 발굴해 자기 삶에 스스로 부여할 수밖에 없지 않을까, 하고 말해주었습니다.

　이 말이 J에게 얼마나 도움이 되었는지는 잘 모르겠네요. 하지만 괜찮습니다. 이 문제에 정답이란 있을 수 없고, J는 분명 자기만의 답을 찾아갈 테니까요.

긍정이라는
이름의 독

요즘 많은 청년들이 열심히 사는 게 의미 없이 느껴진다고, 사는 게 그리 행복하지 않다고들 이야기합니다. 기성 세대 중에는 이런 청년들을 두고 "나약하고 마음 수련을 덜해서 그런 것"이라고 말하는 이들이 있습니다. 정말 그럴까요?

뭐, 경우에 따라 그럴 수도 있겠지만, 반드시 그렇지는 않은 것 같습니다. 행복이라는 게 열심히 자기 최면을 건다고 저절로 생기는 건 아니니까요.

미국 웰즐리 대학교 심리학과의 줄리 K. 노럼Julie K. Norem 교수는 자신의 책《걱정 많은 사람들이 잘되는 이유*The Positive Power of Negative Thinking*》에서 "요즘은 대학에서도 행복과 긍정적 사고에 관한 강좌가 유행이지만, 학교에서 배워야 할 것은 긍정적 사고가 아니라 비판적 사고"라고 말합니다. 이게 무슨 뜻일까요?

불만을 품고 투덜대는 대신 '성공할 거란 믿음을 마음에 새기고 앞으로 나아가라'는 메시지가 차고 넘치는 세상입니다. 그러면 성공과 함께 행복도 거머쥘 수 있다면서요. 물론 실제로 그것을 이뤄낸 사람들도 있습니다. 무척 소수라는 게 함정이긴 하지만요.

그런데 매사 긍정적으로 산다는 게 가능하긴 한 걸까요? 인간의 성격이 서로 얼마나 다른데 말입니다. 실제로, 기본적인 성격요소를 다섯 가지로 보고 평가하는 '빅파이브Big 5 이론'만 봐도알 수 있죠. 빅파이브 이론은 사람이 얼마나 개방적인지, 성실한지, 외향적인지, 타인에게 우호적인지, 예민한지에 따라 인간의 성격이 아주 다양하게 나뉘는데, 이는 일정 부분 타고난 기질이 저마다 다르기 때문이라는 학설입니다.[2]

세상에는 조금 상처를 받아도 매사 느긋하고 긍정적인 사람도 있지만, 작은 상처에 심하게 아파하는 사람도 존재합니다. 긍정적으로 사는 게 좋다고 하지만, 그런 사람이 꼭 하는 일마다 술술 풀리는 것만도 아니고요.

A도 그런 사람이었습니다. 신실한 기독교 신자였던 그는 출퇴근길에 종교 방송을 들으며 세상을 긍정적으로 보기 위한 마음 수련을 한다고 했습니다. 그러면서 긍정 심리학 책도 많이 보고 있다고요. 세상에 불만을 가지는 대신 앞으로는 더 잘될 거란 희망을 갖고서 덕을 쌓다 보면 결국 성공할 것이다, 행복은 늘 마음속에 있다고 되뇌면서요. 긍정적으로 마음을 바꾸면 사는 게 편해지고 심지어 건강도 좋아진다고 하니, 이보다 좋은 게 또 있을까 싶습니다.

그런데 요즘은 이 말이 맞는 건지 잘 모르겠습니다. 직장에서도 열심히 하면 다 알아줄 거라 생각하며 매일 야근도 불사했는데, 그런 노력은 아무 소용도 없다는 걸 뼈저리게 느낍니다. 얼마 안 되는 월급을 쪼개 부모님께 꼬박꼬박 용돈을 부쳐왔는데, 얼마 전 "동생 어학연수를 보내줘야 하니 500만 원만 보내라"고 하는 어머니의 전화를 받고 나서는 허탈하고 속상한 마음이 자꾸 듭니다. 친구들과 같이 가기로 한 여행 계획을 어쩌다 보니 도맡아 짜고 있는 스스로를 보며 '왜 나만 이걸 하고 있지?' 하는 생각에 은근히 부아가 치밉니다.

'내가 너무 웃으며 다 괜찮다고 하니까 사람들이 나를 만만하게 보나? 매일 투덜거리는 박 대리는 오히려 팀장님이 안 건드리잖아.'

나 자신이 싫어지고 화도 나고 억울하기도 합니다. 그냥 다 꼴도 보기 싫고 아무것도 하기 싫습니다. A는 어쩌면 자신이 그간 웃는 얼굴 뒤에서 너무 많이 참다 지쳐버렸는지도 모르겠다고, 또다시 간신히 웃으며 말했습니다.

스스로에게 행복을 강요하지 마세요. 성공의 기준이 저마다 다른 것처럼, 사람마다 원하는 바는 다 다르게 마련입니다. 그러니 행복의 기준 또한 다양할 수밖에 없죠. 이 사실을 간과한 채 행복해 보이는 남들의 모습만 좇다 보면 학력, 돈, 승진 등 눈에 보이는 것에 집착할 수밖에 없습니다.

또한, 긍정적으로 살기 위해선 긍정적이기 위한 이유가 나름대로 있어야 하는데, 근거가 부족한 긍정성은 사람을 피폐하게 만들 수 있습니다. 일은 안 하고 기도만 해서는 주거비나 학비가 나오지 않겠죠. 타고난 배경과 환경에 따라 이루고자 하는 것들을 이루기 위해 들여야 하는 노력의 정도 역시 사람마다 다를 수밖에 없음을, 슬프지만 인정해야 합니다.

타고난 건강, 외모, 수명 등 유전자로 결정되는 부분은 어쩔 수 없을 것입니다. 하지만 본인의 성격과 관련된 부분을 잘 가다듬으면서 타고난 부분을 '관리'하는 것 정도는 할 수 있겠죠.

그렇다면 당장 오늘은 어떻게 살아가야 할까요? 글쎄요. 그냥 살아가는 건요? 유튜브 스타로 유명한 펭수는 미래 계획 따윈 없다고 말합니다. 그냥 매일 자신이 할 일을 하고 살아간다면서요. 어쩌면 펭수처럼 미래에 대한 기대를 너무 많이 하는 것보다, 그저 하루하루를 건강히 견뎌내면서 살아가는 것이 더 현명한 처사인지도 모르겠습니다.

긍정적으로 살아야겠다는 거창한 목표와 그것이 불러올 성공한 미래 때문에 현재를 희생하는 건 결코 좋은 방법이 아닙니다.

오늘 당장 내 마음이 편해질 수 있는 말을 하고,
기쁨이 될 수 있는 일을 해보자고요.
오늘의 삶 전체가 그렇게 채워질 수는 없겠지만,
이를 위해 작은 것 하나라도 시작해 보셨으면 합니다.

1장

억울하고 분해서
살 수가 없어

딱히 우울증이라고 할 만하지는 않지만, 억울하고 화도 나서 자기 감정을 어쩌지 못하고 극도의 스트레스를 받을 때. 누구나 한 번쯤 이런 상황을 경험해 보셨을 겁니다. 특히 만성적으로 스트레스를 받는 상황 속에서 지속적으로 실망하고 실의에 빠지는 경우, 내가 마치 박해를 받는 피해자가 된 것 같은 느낌을 받을 수 있습니다. 나에게 억울한 일을 가한 사람이나 조직에 무언가 복수를 하면 시원할 것 같지만, 어찌할 도리가 없어 더 분하죠. 이런 상태를 '울분'이라고 합니다.

울분은 흔히 사회적으로 공정하지 않다는 생각이나 정의롭지 못하다는 느낌에 의해 생겨납니다 만성 실직, 만성 신체 질환 상태인 분들에게서 흔히 발견됩니다.

독일 통일 이후, 동독 출신의 노동자들이 이런 경험을 많이 했다고 합니다. 가난하던 공산주의 시절에 비해 통일이 되고 나서 임금은 올랐지만, 일을 한 정도에 따라 임금 격차도 심해지는 점, 혹시 몸이 아픈데 정부 기관에서 직업 관련성을 인정해 주지 않으면 어디 호소할 곳도 없는 점 때문에 오히려 더 좌절하는 노동자들이 많아졌던 것입니다. 이로 인해 우울증에 걸리는 노동자들도 많아진 한편, 딱히 우울증은 아닌데 울화병처럼 화로 가득 차 어쩔 줄 모르는 사람들이 생겨난 겁니다.

독일 사리테 대학의 정신의학 교수 마이클 린든Michael Linden은 이런 분들이 겪는 증상을 '울분embitterment'이라 명명하고, '울분 장애'라는 진단명을 주장했습니다. 울분 증상이 중증 우울증은 아니지만, 심리적으로 돌봐야 하는 정신 질환일 수 있다는 것입니다.

간혹 이 상태를 우리 민족의 문화에 녹아 있는 '한恨'의 정서와 비교하는 분이 있는데, 이와는 조금 다릅니다. 한이라는 것은 못내 분하고 억울한 감정이 오랜 시간 마음속에 쌓여 마치 돌덩이

1장

처럼 가슴에 맺혀버린 감정으로, 그것이 폭발해 누군가를 해치는 데까지 가는 경우는 드뭅니다. '복수'보다는 '포기'에 가까운 상태인 것입니다. 그 한이 오랫동안 지속되어 신경성 신체 증상으로 나타난 것을 '화병'이라고 부릅니다. 한민족 고유의 문화적 정신 질환인 셈이죠.

이에 반해, 울분 감정은 보다 인류 보편적입니다. 억울한 감정은 계속 쌓이다 내부적으로 터지게 되면 우울증이나 스스로를 해치는 행동으로 이어지게 되고, 외부적으로 폭발하게 되면 누군가를 해치려는 행동으로 흘러가기도 합니다. 지하철 방화 사건이나 묻지 마 폭행 사건 등의 경우, 그 원인을 찾다 보면 이런 울분 감정이 기저에 숨어 있는 경우를 종종 보게 됩니다. 억울하다는 생각, 분노, 무기력감이 느껴진다면 자신이 지금 울분 장애인 것은 아닌가 의심해 보아야 합니다.

한편, 한과 울분의 공통점도 있습니다. 누군가의 위로를 받아 잠시 잠깐 흘려보낼 수는 있지만, 결국 분노를 느끼는 대상을 용서하지 않으면 해소되지 않는 감정이라는 점입니다. 그래서인지, 울분 장애는 우울증이나 불안증에 비해 약물로 잘 치료되지 않습니다.

저를 찾았던 마흔 살 남성 D도 그랬습니다. D의 부모님은 그가 어린 시절, 알 수 없는 이유로 일찍 헤어졌다고 합니다. 어려서부터 키워주신 할머니는 "성질 고약한 네 엄마가 맨날 부부 싸움이나 하다가 어느 날 집을 나가버렸다"고 했습니다. 할머니 표현에 따르면 "순한 성격의 소유자"라는 아버지는 여기저기 지방으로 돈벌이를 하러 다니느라 1년에 몇 번 보지 못했습니다. 그래도 D는 할머니 손에서 그 흔한 말썽 한번 부리지 않고 착하게 자랐습니다.

공부를 잘하지는 못했지만, 잘 어울리는 친구들도 있고 군대 다녀와서 계약직으로 들어간 회사에 10년째 성실히 다니고 있습니다. 대학을 나오진 않았어도 기술직이라서 딱히 더 공부해야 할 필요는 느끼지 못합니다. 오히려 일에 있어서만큼은 자신 있습니다. 그 외, 친구들 모임에도 종종 나가고 연애는 몇 번 해봤지만 어쩌다 보니 아직 결혼은 하지 못했고요.

"특별히 우울하거나 잠을 잘 못 잔다거나 한 건 아니에요. 그런데, 어느 날인가부터 울컥 화가 나서 주변에 막 화를 내기 시작했어요. 최근에는 점점 더 그러는 일이 많아졌고요. 저한테 무슨 문제가 있는 걸까요?"

저는 D에게 그간 쌓인 불만이나 억울한 점은 없는지 물었습니다. 그러자 D는 한참을 고민하다 입을 열었습니다.

"과장님이나 윗분들이 평소에는 잘해주세요. 그런데 원청업체에서 클레임이 오거나 사장님에게 혼나고 나면 그 화풀이를 다 저에게 해요. 알고 보면 제가 아니라 다른 동료들이 일을 대충 했거나, 아예 처음부터 주문이 잘못 들어와서 그렇게 된 건데 말이죠. 가만 보면 저를 희생양 삼는 것 같아요."

"그렇게 억울할 때는 어떻게 하세요?"

"뭐, 딱히 해결할 방법은 없어요. 다들 술이라도 마시면서 푸는 것 같던데 전 술도 못 마시는 체질이라서 그것마저 억울하죠. 휴… 얼마 전엔 TV를 보는데 꼭 제 얘기 같은 내용이 나오는 거예요. 그래서 혹시 내가 분노 조절 장애인가 싶어서 한번 와봤습니다."

D의 이런 상태는 '울분'일 가능성이 큽니다. 이어진 대화에서 D는 두통이 심하다고 했습니다. 사람들은 스트레스를 받으면 본인의 성향이나 체질, 성격 등에 따라 우울증이나 불안증이 생기기도 하지만, 두통이나 불면증, 통증 같은 신경성 신체 증상이 나

타나는 경우도 많은데, D는 후자의 경우로 보였습니다.

D는 저와 만나며 욱하는 마음이라든가 옆 동료에게 소리치고 싶은 마음은 많이 사라졌다고 했습니다. 그래도 아직까지 가끔 저를 찾아와 세상 사는 이야기를 나누고 돌아갑니다. 심각한 분노의 충동이나 신체적 불안 증상은 적절한 약물 치료로 좋아지지만, 마음속에 남아 있는 분노와 억울한 감정은 더 오랜 시간 심리적인 치유 과정을 거쳐야 할 것입니다.

저나 D가 서로 동의한 것이 있습니다. 마음을 보듬어 상처 입은 자리에 새 살이 돋아나게 하고, 그렇게 돋아난 새 마음이 성숙해지고 성장하도록 돕고 기다려야 한다는 것입니다. 아마도 성직자들이 참선이나 묵상을 하는 것도 이와 비슷한 과정이 아닐까합니다.

혹시, 당신에게도 상처를 주고 상당한 울분을 느끼게 했던 일이 있나요? 생각만 해도 화가 치미는 일이 있나요? 그 일의 상대에게 계속 복수하고 싶나요? 그렇다면 스스로가 울분 장애는 아닌가 의심해 보아야 합니다.

다음은 보다 정확한 자가 측정을 위해 만든 '울분 장애 척도'입니다. 독일어로 개발되었다가 우리 나라 연구 팀에서 상황에 맞게 번역한 것인데요, 한번 찬찬히 읽고 점수를 매겨보시기 바랍니다.

문항	이 문항에 동의하는 정도				
지난 1년간 아래 내용에 해당하는, 심하게 스트레스받는 일들이 있었는가?	전혀 아니다	거의 그렇지 않다	약간 그렇다	많이 그렇다	아주 많이 그렇다
감정에 상처를 주고 상당한 정도의 울분을 느끼게 하는 일	0	1	2	3	4
내 정신 건강에 눈에 띄게 좋지 않은 영향을 지속적으로 심하게 주는 일	0	1	2	3	4
내가 보기에 아주 정의에 어긋나고 불공정한 일	0	1	2	3	4
자꾸 반복적으로 생각나는 일	0	1	2	3	4
생각할 때마다 아주 많이 화가 나는 일	0	1	2	3	4
상대방에게 복수하고 싶은 마음이 들게 하는 일	0	1	2	3	4
나를 탓하게 되고 나 자신에게 화나게 하는 일	0	1	2	3	4
결국은 어떤 노력을 해도 다 소용 없다고 느끼게 하는 일	0	1	2	3	4

나 스스로를 자주 우울하고 불행하게 하는 일	0	1	2	3	4
나의 전반적인 신체적 건강을 해치는 일	0	1	2	3	4
그 일에 대해 다시 생각하지 않으려고 어떤 특정 장소나 사람을 회피하게 하는 일	0	1	2	3	4
자신을 무기력하고 아무 힘도 없는 사람이라고 느끼게 하는 일	0	1	2	3	4
그 일을 책임져야 할 사람들이 내가 당한 것과 비슷한 일을 똑같이 당하는 걸 상상하고 나면 만족스럽게 느끼도록 하는 일	0	1	2	3	4
나의 기력과 무언가를 할 의지를 많이 줄어들게 하는 일	0	1	2	3	4
이전보다 나를 더 예민하게 만드는 일	0	1	2	3	4
그래서 결국 나 자신이 정상적인 감정을 느끼기 힘들게 하는 일	0	1	2	3	4
내가 일터나 가정에서 이전처럼 활동할 수 없도록 하는 일	0	1	2	3	4
나를 친구 관계나 사회 활동에서 더 위축되게 하는 일	0	1	2	3	4
나로 하여금 아픈 기억을 자주 떠올리게 하는 일	0	1	2	3	4

평균 점수 1.6점 이상	임상적으로 의미 있는 울분감이 있습니다.
평균 점수 2.5점 이상	중등도 이상의 울분 증상이 있습니다. 마음을 털어놓을 곳을 찾아야 합니다. 가장 좋은 것은 전문가를 찾아 상담하는 것입니다.

우울증이란
어떤 상태일까

살다 보면 우울할 때가 종종 있습니다. 어릴 적 동네 골목에서 뛰어놀다가 배고프면 엄마 품으로 뛰어들던 시절에는 그렇지 않았던 것 같은데, 나이를 먹고 여러 사람들을 만나다 보면 필연적으로 외롭거나 화가 나거나 우울하거나 할 때가 많죠. 왜 그럴까요?

다음의 문제를 한번 풀어보세요.

$$427 \times 27 = (\qquad)$$

금방 답이 떠올랐나요? 아마 암산 천재가 아닌 이상, 정답을 계산해 내는 데 시간이 좀 걸리셨을 것입니다.

이번에는 좋아하는 연예인의 얼굴을 한번 떠올려보시죠. 어떤 느낌이 드나요? 아마 많은 분들이 별다른 이유 없이 순식간에 호감을 느꼈을 것입니다.

우리는 일상을 살아가며 수많은 감정을 경험합니다. 아픔, 괴로움, 즐거움, 기쁨 같은 모든 감정은 우리의 '대뇌피질'까지 가서 대체 왜 이런 상태인 것인지 논리적인 분석을 하게 만들기도 하지만, 많은 경우 뇌 속 '시상'을 거쳐서 바로 '편도체'라고 하는, 감정과 기억을 저장하는 곳으로 직행하게 됩니다. 평상시에는 대뇌 '전두엽'까지 가서 이성적 판단을 내리는 게 사람이지만, 공포에 질리거나 분노에 휩싸이는 등 감정에 압도당하게 되면 미처 이성에 다다르지 못하고 감정에 의해 순간적인 판단과 행동을 하게 됩니다.

온종일 스트레스를 받다가 이유 없이 상사에게 질책을 받고 나니, 이성적으로 그러지 말아야 하는 순간 욱하고 화를 터뜨리게 되는 것도 다 이런 이유에서죠. 이런 경우, 그 순간은 잘 참고 넘긴 사람도 결국 집에 들어가 가족에게라도 신경질을 부리게 됩니다.

일상에서 우리가 겪는 수많은 일들은 모두 마음과 뇌에 스트레스를 줍니다. 그들 중 일부는 정신을 바짝 차리게 만드는 카테콜아민catecholamine 호르몬을 나오게 해서 그 사건을 감정이 채색된 기억으로 저장하게 해줍니다. 좋은 기분이었다면 그 기억은 '추억'이 되겠지만, 아픈 기억이었다면 '트라우마'로 남게 되는 것입니다.

만약 오랫동안 지속적인 스트레스를 받는다면 '글루코코디코이드glucocorticoid'라는 스트레스 호르몬이 신경의 부드러움을 망가뜨려서 회복력을 떨어뜨립니다. 이런 일을 계속해서 겪으며 어느 정도 세월을 보내고 나면 불면증이나 왠지 모를 불안 증상이 나타나기도 하고, 분노 조절에 어려움을 느끼게 되기도 합니다. 잦은 건망증으로 고생하게 될 수도 있습니다.

우울증은 이런 맥락에서 마음이 가라앉고 무가치함을 느끼는 '감정 증상'과 미래가 어둡다는 '비관적 사고' 그리고 두통이나 초조, 불면증 같은 '신경성 신체 증상'이 반복될 때 붙이는 의학적인 진단명입니다.

가벼운 증상이라면 하룻밤 잘 자고 나서 우울감을 떨칠 수 있을 겁니다. 그러나 우울증은 증상이 너무 오래 지속되어서 직장 생활이나 학교 생활을 하기도 힘들어질 때 내리게 되는 진단인 것이죠. 이런 증상은 만성 신체 질환이 있거나 혼자 사는 분들에게서 더 많이 관찰된다고 합니다.

많은 분들이 클리닉을 찾기 전 우울증을 자가 진단해 보고 싶어 합니다. 이때 활용할 수 있는 것이 우리 나라 국가 검진에서 사용하고 있는 우울증 검진도구PHQ-9입니다.[3] 잘 읽어보고 답을 한번 해보세요.

	지난 2주간, 아래의 증상들에 얼마나 자주 시달렸습니까?	전혀 아니다	여러 날 동안	1주일 이상	거의 매일
1	일하는 것에 대한 흥미나 재미가 거의 없음	0	1	2	3
2	가라앉은 느낌, 우울감 혹은 절망감	0	1	2	3
3	잠들기 어렵거나 자꾸 깨어남, 혹은 너무 많이 잠	0	1	2	3
4	피곤감, 기력이 저하됨	0	1	2	3
5	식욕 저하 혹은 과식	0	1	2	3

6	나 자신이 나쁜 사람이라는 느낌 혹은 나 자신을 실패자라고 느끼거나, 나 때문에 나 자신이나 내 가족이 불행하게 되었다는 느낌	0	1	2	3
7	신문에 집중하기 어려움	0	1	2	3
8	남들이 알아챌 정도로 거동이나 말이 느림. 또는 반대로 너무 초조하고 안절부절못해서 평소보다 많이 돌아다니고 서성거림	0	1	2	3
9	나는 차라리 죽는 것이 낫겠다는 등의 생각 혹은 어떤 식으로든 스스로를 자해하는 생각들	0	1	2	3

총점 5점 이상   우울증이 의심됩니다.

총점 10점 이상   주요 우울 장애, 즉 심한 우울증일 가능성이 큽니다. 추가 검사나 전문 상담을 받길 권합니다.

물론, 이런 설문지 하나의 결과만으로 자신에게 우울증이라는 라벨을 붙일 수 있는 것은 아닙니다. 전문가들과 상담을 하고 나서야 제대로 된 마음 진단과 치료를 할 수 있을 테니까요.

다만, 우울증이 많은 이들에게 광범위하게 나타나는 주요 질

알아두기

환인 것만은 분명해 보입니다. 최근 시행한 국민건강영양조사를 보면, 우리나라 국민 중 주요 우울 장애를 의심할 만한 경우는 전체의 6.7퍼센트로 무척 높은 편입니다. 다른 조사들을 봐도, 대략 10명 중 1명 정도가 우울증의 가능성을 안고 살아가는 것으로 보입니다.[4]

우리나라 사람들은 비록 진료를 받아야 할 정도의 심한 우울증은 아니라 하더라도 전 국민의 22퍼센트가 우울증의 증상을 몇 개씩은 가지고 있다고 합니다. 그런데, 그 증상이라는 게 흔히 생각하듯 그저 죽고 싶다거나 우울하다는 감정은 아닙니다. 우울증을 경험하는 분들에게 나타나는 가장 많은 증상은 '피로감'입니다. 세상이 재미없고 의욕이 없습니다. 잠을 잘 못 자거나 이유없는 잔잔한 불안함에 시달리는 경우도 많고요.

이렇듯 우울증은 더는 희귀한 질환이 아님에도, 그 증상에 대한 이해가 아직까지 너무나 부족한 상태입니다. 전문가의 이야기에 귀를 기울이고 바른 상식을 갖추고 있어야, 자기 자신이나 타인의 우울증을 제때 알아차릴 수 있을 것입니다. 그 '제때 알아차림'이 더 큰 불행을 방지할 수 있음은 물론입니다.

(2장)

무한한 지지를 당신에게

'자기 부정'에서
'자기 지지'로
돌아서는 법

내 안의 미스터 하이드 다스리기

살다 보면 즐거운 순간도 많지만, 두려움에 어쩔 줄 모르거나 분노에 치를 떨게 되는 순간도 분명 있습니다. 이럴 때 우리 뇌는 어떻게 작동할까요?

인간의 뇌에서 슬픔, 두려움, 분노 같은 감정을 다스리는 부위는 해마, 편도체 등으로 '변연계'라고 불립니다. 이는 뇌 깊숙한 곳에 자리잡고 있으면서 '포유류의 뇌'라고도 불리는 곳으로, 외부 자극에 대해 첫 반응을 일으킵니다.

그런데, 인간이 동물과 다른 점은 감정대로 행동하지 않는다는 것이죠? 속에서 올라오는 감정을 현실적 판단이나 이성적 사고를 통해 조절하는 부위는 좀 더 바깥 쪽에 있어서 흔히 '전전두엽'이라고 불립니다. 이마 뒤편에 자리잡고 있는, 감정을 조절해 주는 곳이죠. 우리 인간은 전두엽의 기능에 따라 화를 내야 할지, 참아야 할지 혹은 도망가야 할지를 결정하게 됩니다.

동물처럼 살지 않으려면 올라오는 감정에 휘둘리지 않고 이를 잘 다스리면서 살아야 하겠죠. 그러기 위해서는 뇌의 모든 부위가 잘 작동해야 할 텐데, 그게 참 쉽지 않습니다. 그리고 보면 예상치 못했던 상황에서 화가 나거나 공포심을 느낀 다음, 정신을 차리고 마음을 가다듬는 데 남들보다 좀 더 시간이 걸린다고 생각하시는 분들이 참 많은 것 같습니다.

분노도 잘 살펴보면 몇 가지로 분류할 수 있습니다.

그중 하나가 '돌발성 분노Sudden Rage'입니다. 소설《지킬 박사와 하이드Dr. Jekyll and Mr. Hyde》속 지킬 박사는 평소 지적이고 냉철한 영국 신사의 면모를 보입니다. 그러다 어느 순간 미스터 하이드로 돌변합니다. 눈도 마주치지 못할 만큼 무섭게 커진 눈동자에 천둥처럼 커진 목소리, 머리카락마저 곤두선 채로 두 주먹을 불끈 쥔 모습은 당장 벽이라도 부술 것 같습니다. 이성은 이미 사라졌습니다. 물건을 부숴버리거나 왜 그러냐며 걱정스럽게 말을 걸어오는 사람들에게 한판 붙어보자고 합니다. 흔히 '욱하는 성질을 가졌다'는 소리를 듣는 이들이 이런 모습일 때가 많습니다. 이들은 꼭 그러다 제정신이 들고 나면 후회를 하죠.

의학적으로 보면, 스트레스 클리닉에서 '간헐적 폭발 장애'로 진단받는 분들이 대체로 이런 분노에 시달립니다. '분노 조절 장애'라고도 하죠. 술을 자주 마시는 사람이라면 더욱 분노 조절과 충동 조절의 어려움을 겪게 됩니다. 이들은 대개 "더는 같이 못 살겠다"고 주장하는 부인을 달랜답시고 임시방편 삼아 상담을 예약하거나, 직장에서 문제가 너무 많이 생겨 어쩔 수 없이 클리닉을 찾곤 합니다.

'잠재적 분노Seething Rage(울분)'라는 것도 있습니다. 앞서 한 차례 다룬 바 있죠. 분노가 당장 어떤 이유가 있어야 생기는 것은 아닙니다. 당신이 지금 화가 난 것이 방금 주차장에서 일어난 그 일 때문이 아닐 수도 있다는 말입니다. 평범한 사람이라면 평소 불공평하다고 느끼는 상황을 여러 차례 반복적으로 겪으면서 화가 시루떡 쌓이듯이 누적되게 마련입니다.

타고나길 화가 많은 사람도 있습니다. 그중에는 평소 억울한 일을 많이 당했으나 참고 사는 경우가 많았던 이들이 있습니다.

억울하더라도, 그냥 타인과 부딪치는 게 싫어서 혹은 '시간이 지나면 나아지겠지' 하는 마음에 감정을 쌓아두는 거죠. 이들의 분노는 오랫동안 마치 용암처럼 이글거리다가 결국은 어딘가로 터져나갑니다. 문제는 그 방향이 어디로 향하느냐는 것입니다.

내 안에서 그 분노가 터질 때는 우울증에 빠져 자포자기하기도 합니다. 분노가 밖에서 터지는 경우도 많습니다. 자신에게 피해를 주었다고 생각되는 대상에 대해 분노를 차곡차곡 쌓아온 사람들. 이들은 주로 자신이 불공평하게 대접받았다고 느끼는 상황에 병적으로 집착하고 분노합니다. 그러다가 그 회사, 그 병원, 그 기관에서 일하는 사람들 모두에 대해 분노와 증오를 느끼기도 합니다. 이렇게까지 되는 이들은 성격까지 변해서 사소한 것에 집착하고, 분노하는 대상에게 복수하는 상상을 자주 합니다.

그 밖에 '체념성 분노Impotent Rage'나 '버림받음에서 비롯된 분노 감정Abandonment Rage'도 있습니다.

인간이란 존재는 사회생활을 하면서 두 가지 규칙을 따르며 산다고 합니다.

첫 번째 규칙은 부모님이 살던 모습을 보고 따라 한다는 것입니다. 감정 조절을 잘 하지 못하고 화를 잘 내는 부모 밑에서 자란 아이들은 결국 욱해서 폭발하는 일이 잦습니다. 이들은 자라면서 그렇게 하는 게 세상 사는 방식이라고 배우게 됩니다. 안 그러면 오히려 손해를 볼 거라 생각하면서요. 뒤늦게 사춘기를 겪고 사회생활을 시작한 젊은이들이 직장 상사의 행동 방식을 그대로 따라가는 것도 마찬가지 논리입니다.

두 번째 규칙은 인간이란 원래 심리적 보상이 있는 일만 한다는 것입니다. 예를 들어, 아이가 화를 낼 때 원하는 대로 해주거나 아님 화를 내서 동료들의 관심을 얻었다면 그 행동을 반복하는 것이 인간의 본성이란 것이죠.

이런 점을 볼 때 '나이 먹으면 욱하는 성질을 좀 죽이게 된다'고들 하는 이야기는 사실이 아닐 가능성이 큰 것 같습니다. 오히려 분노 조절이 잘 안 되고 참을성이 적은 분들 중에는 처방약을 복용하면서 현저하게 좋아지는 경우가 많은데요, 전두엽 억제 기능을 증진시키기 위한 정신 자극제를 복용해 집중력과 문제 해결력이 나아지기도 하고, 항우울제를 복용하고서 부정적이고 안 좋은 것에 꽂힌 생각이 제자리를 잡아가기도 합니다. 간혹 측두엽의 이상으로 감정 조절이 어려운 경우도 있는데, 이럴 때는 항경련제가 도움을 줄 수 있습니다. 그러니, 스스로 감당이 되지 않을 정도로 감정 조절이 안 된다고 느끼고 있다면, 꼭 상담을 받아

보시기 권합니다.

만약 병원에 가야 할 정도의 문제는 아니지만, 그래도 자신이 넘치는 화로 인해 손해를 꽤 자주 본다고 느낀다면 다음의 방법을 활용해 보세요.

첫째, 자신이 화가 난 상태라는 것을 인정하세요.

둘째, 감정이 가라앉기 전에는 잠시 쉬는 시간을 가집니다.

셋째, 감정이 남아 있을 때 행동이나 말을 하고 싶은 충동을 참으세요.

넷째, 집으로 돌아가면서 나를 화나게 했던 상황을 다시 한번 생각해 보세요. 그 문제를 어떻게 했어야 나한테 이로운 일이었을지를 생각해 보시기 바랍니다.

화를 가라앉히는 가장 좋은 방법은 화의 원인을 제공한 사람을 직접 찾아가 자신의 고민을 이야기하고 같이 푸는 것이라고 합니다. 하지만 실제로 증오를 버리는 가장 좋은 방법은 감정을 전환하거나 무관심해지는 것입니다. 정신 분석학자들에 의하면 용서는 자신을 해친 대상에게 연민과 관용을 베풀어 그 대상을 받아들이는 행위라고 합니다.

하지만 그 인간을 용서하는 건 죽어도 하지 못하겠다면 그냥 두세요. 대신, 그 인간을 내 인생에서 잊어버리는 방법을 찾아봅시다.

그 인간들 때문에 분노하고, 또 그것 때문에 내가 손해를 본다면 더 억울하잖아요. 나의 마음 건강을 지키는 것이 가장 우선이어야 합니다.

불편한 감정은
틀리는 법이 없다

　S가 대기업 총무 팀에서 일한 지 벌써 6개월이 지났습니다. 처음엔 일에 적응하기 힘들었지만, 자상하게 도와주는 1년 선배도 있어서 일에는 금세 익숙해졌습니다. 이제는 뭐 오래전부터 이 일을 하고 살았던 것 같습니다.

　오늘도 출근하자마자 오전 중 넘겨야 할 보고서를 정신없이 마무리해 부팀장에게 보내고, 열 시가 넘어서야 겨우 커피 한잔을 하러 휴게실에 내려갈 수 있었습니다. 휴게실에는 몇 명의 동료들이 모여 커피를 한잔씩 들고는 수다를 떨고 있습니다. 유리

창 너머로 입을 비죽거리며 신나게 웃고 떠드는 동료들 모습이 보입니다. 무언가 재미있는 대화를 나누고 있나 보다 싶어, 얼른 끼려고 서둘러 문을 열고 들어갔습니다.

"박 과장님 말이야. 어제 취해가지고서는 팀장님 앞에서…."

이게 무슨 분위기일까. 신나게 이야기를 하던 그 선배가 갑자기 말을 멈추더니 다른 후배 어깨를 툭툭 치고는 갑자기 어젯밤 TV에서 본 아이돌 그룹 이야기로 화제를 돌립니다. 순간적으로 휴게실 안에는 어색한 공기가 맴돕니다. 하지만 S는 관계가 껄끄러워지는 게 싫어 그냥 아이돌 이야기에 몇 마디를 보탠 후 자연스럽게 자리로 돌아왔습니다.

'그 선배가 왜 그랬을까. 전에 나랑 이야기하다 다른 직원 들어오니까 말 돌린 적은 있어도 이렇게 나를 소외시킨 적은 없었는데….'

S는 못내 서운했고, 곰곰이 뭐가 문제였을까 기억을 되짚어 보았습니다. 그러다 문득 어제 회식 때 팀원들끼리 대화를 나누

다, 팀장님이 취미가 뭐냐고 물었던 것이 기억났습니다. 딱히 잘하는 게 있는 건 아니라서 학창 시절에 하고 싶던 발레를 1주일에 한두 번 배우러 다닌다고 했더니, 주변 선·후배들이 약간 흥미롭게 바라봤던 장면이 떠오릅니다.

'혹시 내가 발레 배운다고 한 게 좀 튀었을까? 남자들한테 잘 보이고 싶어서 그런 거라고 오해했나?'

괜히 걱정이 됩니다. 그날 내내 휴게실에서의 그 일이 잊히질 않습니다.

사회생활을 하다 보면 나에 대한 칭찬과 호의를 보이는 선배 혹은 상사의 말이 이유를 알 수 없이 좀 불편할 때가 있습니다. 왠지 비꼬는 것 같다는 느낌이 들기도 하고요. 말 자체는 문제가 없어서 딱 꼬집어 뭐라 할 수는 없는데, 이성적으로 집어낼 수 없는 기분 나쁜 찜찜함이 느껴질 때. 이런 감정을 영어로는 '것 필링 Gut Feeling', 그러니까 의미 그대로 '내장에서 우러나오는 감정'이라고 합니다. 우리 말로는 주로 '직감'으로 번역이 되는데, 일상에서는 '촉'이라는 은어가 더 많이 쓰이죠.

직감은 대개 맞습니다. 말로 이루어지는 소통은 실상 우리가 주고받는 의사 표현의 절반도 되지 않는다고 합니다. 우리 의사의 많은 부분이 태도나 분위기, 말투 같은 것에서 은연중에 드러나고 그것을 상대방도 무의식적으로 감지함으로써 의사소통이 일어난다는 것입니다. 이는 참으로 미묘한 부분이라서, 사람의 특성에 따라 감지되는 정도가 다를 수 있습니다.

당신이 무언가를 느꼈다면, 딱히 증거는 없더라도 일단은 그 느낌이 맞다고 봐도 될 것 같습니다. 그 직감에 따라 추리를 해보는 것이 첫 번째 할 일입니다. 하지만 그 추리의 끝에는 반드시 내 직감이 틀릴 가능성도 열어두어야 합니다. 합리적인 추측도 틀릴 가능성은 언제나 존재하는 법이잖아요. 그렇게 가능성을 열어두어야 실수가 적습니다.

만약 내 직감이 맞는 것 같다고 해서 그 선배를 찾아가 "대체 그때 무슨 대화를 했길래 내가 오니까 딱 멈춘 거예요, 내가 뭐 잘못했어요?"라고 묻는다면, 어떻게 될까요? 다행히 선배가 쿨하게 상황을 인정하고 제대로 해명을 할 수도 있겠지만, 대부분은 오해라며 왜 이렇게 편집증적이냐고 짜증을 부릴 것입니다. 그 대화에 참여했던 선배 이외의 다른 사람들을 찾아가도 비슷할 거예요. 설령 남들이 무고하게 나를 비난한다 해도, 그들과 싸워

봐야 이상한 사람으로 취급받을 가능성이 훨씬 큰 게 현실이니까요.

무언가 불편한 감정이 느껴진다면 그 감정을 있는 그대로 받아들이세요. 마음속에 '불편한 감정'이라고 쓴 포스트잇을 마련하고, 그 포스트잇을 도돌이표처럼 반복되는 '왜 그랬을까?'란 생각에 딱 붙이는 겁니다. 그리고는 마음 한편으로 밀어두세요. 마음이 너무 불편한 나머지 상대방을 껄끄럽게 대하거나, 눈치를 보며 상대방에게 지나치게 친절할 필요도 없습니다. 늘 하던 대로 행동하는 게 맞습니다.

내 느낌이 맞는 것이었다면, 시간이 흐르면서 나에 대해 험담하거나 내게 해를 끼치는 사람들은 스스로 자기 정체를 드러낼 것입니다. 그렇게 확실한 순간, 내가 느껴온 불편한 감정에 대해 설명하고 솔직한 나의 모습을 보여주는 것도 괜찮습니다.

마음속의 잔잔한 불안
다루는 법

공황 장애 역시 우울증만큼이나 많은 분들이 호소하는 증상 가운데 하나입니다. 약을 먹으면 심장이 터질 것 같던 증상을 비롯해 몇몇 증상이 호전되는데요, 이 증세가 있는 분들과 대화를 나누다 보면 몇몇 주요한 증상이 사라진 후에도 특별히 스트레스를 준다거나 급한 일도 없는데 왠지 불안하고 무언가에 쫓기는 듯한 마음은 잘 사라지지 않아 걱정이라고들 말씀하십니다. 특히 혼자 집중해서 일하다 보면 괜히 불안할 때가 있어 약 말고 무언가 다른 응급 처치 방법이 없을까 궁금하다고요.

우리 몸은 위험을 감지하게 되면 자동적으로 아드레날린, 코르티솔 같은 스트레스 호르몬을 분비합니다. 이 호르몬들은 교감 신경을 자극해서 동공을 크게 하고, 심장을 빨리 뛰게 하며, 혈압을 올립니다. 혈액은 뇌, 폐, 심장 등 주요 기관에 집중되고 근육으로 힘을 보냅니다. 마치 싸움 직전의 헐크처럼 우리 몸을 긴장시키는 것이죠. 그러다가 급한 상황이 종료되거나 스트레스가 지나가면 부교감 신경이 활성화됩니다. 맥박과 혈압이 떨어지고 혈액은 주로 소화 기관 등으로 보내져 우리 몸도 이완하게 되는 것입니다.

그런데 이 흥분성이 가라앉지 않거나 이유 없이 자꾸 불안해지는 경우가 있습니다. 이런 증상은 애초 심한 스트레스가 있거나 아니면 만성 스트레스에 시달리고 있어서 긴장이 풀릴 시간이 별로 없는 현대인에게 많이 나타납니다. 이와 같은 증상이 자꾸 나타나 일과 가정을 돌볼 여유조차 없게 되면 '불안 장애'라는 진단을 받을 수도 있습니다. 불안 장애가 나타나면 마치 "자라 보고 놀란 가슴 솥뚜껑 보고 놀란다"는 말처럼 사소한 일에도 쉽게 조마조마한 기분을 느끼게 됩니다.

미국정신의학회의 분류 기준에 따르면 불안 장애는 다음의 몇 가지 종류로 나뉩니다.

- 분리 불안 장애나 선택적 함구증(아이들에게 주로 나타남)
- 고소 공포증, 동물 공포증, 비행기 공포증, 피 공포증 같은 특정 공포증
- 사회 불안 장애(일명 사회 공포증. 사회생활이나 직장에 대한 공포, 불안감. 이로 인해 회피하려는 증상이 6개월 이상 지속되는 경우에 의심할 수 있음)
- 공황 장애
- 범불안 장애(온종일 모든 일을 불안해하고 걱정이 끊이지 않는 경우)

예전에는 강박증과 외상 후 스트레스 장애도 불안 장애의 일종으로 봤지만, 이제는 생물학적인 원인이나 치료법이 다르다는 이유로 별도 분류하기 시작했습니다.

스트레스 클리닉이나 정신 건강 의학과에 가면 불안 장애에 대한 진단을 내립니다. 그 진단에 따라 약물 처방을 하기도 하고, 뉴로 피드백, 심리 치료 등 다양한 치료법을 제공받을 수 있죠.

그러나 대부분의 사람은 평소 좀 불안해하는 증상이 있긴 하지만, 군이 병원을 찾을 정도로 죽을 만큼 불안하지는 않은 경우가 더 많습니다. 중요한 일을 앞두고 있거나 여러 이유로 조마조마하다 싶을 때, 그 자리에서 불안을 다스리고 나를 지킬 수 있는

방법에는 무엇이 있을까요?

한 곳에 집중하기

지금 눈앞에 무엇이 보이나요? 볼펜이나 마우스, 책… 무엇이든 괜찮습니다. 그 대상에 쓰인 글자 한 자를 아무거나 골라 집중하고 가만히 들여다보세요. 그 지점을 응시하다가 점차 주변으로 시야를 천천히 넓혀봅니다.

심호흡하기

잠깐 하던 일을 멈추고 조용히 심호흡을 합니다. 내 심장에서 발 끝까지 피가 온몸으로 보내지는 걸 머릿속에 그리면서 천천히 호흡합니다. 호흡하는 것이 어렵다면 속으로 '하나, 둘, 셋, 넷' 까지 숫자를 세면서 숨을 들이마시고, 다시 '하나, 둘, 셋, 넷'에 내쉬는 연습을 하세요. 눈을 감고 의자에 몸을 기대거나 누워서 할 수 있다면 그렇게 하시는 것도 좋습니다.

밀가루 반죽이나 종이공 이용하기

밀가루 반죽을 작게 떼어내서 한 손 안에 들어갈 만큼 뭉치세요. 떡 주무르듯이 손가락 사이사이에 넣고 빙글빙글 돌리면서 작게 만들어 보세요. 주변에 밀가루가 없다면 휴지로 작은 공을 하나 만들어서 해도 됩니다. 빵 조각을 작게 뭉쳐서 해보는 것도 좋습니다. 중요한 것은 손 안에서 작은 덩어리를 굴리면서 내 마음속의 뭔지 모를 불안감을 작게 만들고 있다고 상상하는 것입니다.

주먹 쥐었다 털어내기

발표를 하기 전에 사용하기 좋은 방법입니다. 왠지 불안하고 가슴이 떨린다면 먼저 두 주먹을 쥐고 천천히 숨을 쉽니다. 숨을 쉴 때마다 긴장된 마음과 스트레스거리가 내 주먹 속으로 모인다고 생각하세요. 몇 번 숨을 쉬다가 충분히 모인 것 같으면 주먹을 펴고 두 손을 털어내세요. 마치 수돗가에서 손을 씻고 물을 털어내듯이 하시는 겁니다.

양손으로 공 주고받기

작은 공이나 종이 뭉치, 귤 같은 것을 한 손에 쥐고, 가슴을 중심으로 양손을 가볍게 벌립니다. 그러고는 좌우로 공을 주고받습니다. 특별한 규칙은 없습니다. 그저 양손으로 공이나 종이 뭉치를 주고받는 것뿐입니다. 공을 좌우로 던지면 뇌의 좌·우반구가 동시에 자극된다고 합니다. 뇌의 한 부위에 몰려 있는 신경을 뇌 전체로 분산하는 효과가 있다고 하니, 꼭 시도해 보세요.

볼륨 줄이기

무언가 불안한 마음이 들면 시끄럽게 마음을 괴롭혔다 풀어줍니다. "정신 시끄럽다"는 표현을 하기도 하죠. 이런 마음이 들 때면 마음속에 라디오 볼륨 다이얼이 하나 달려 있다고 상상하세요. 그러고는 음악 소리를 낮추듯이 천천히 마음속 볼륨 다이얼을 낮춰보는 겁니다.

흔히들 "불안해 죽을 것 같다"고 이야기하죠?

하지만 불안하다고 해서 진짜 죽을 리는 없습니다.

명심하세요, 당신은 어떻게든 그 불안을 다룰 수 있습니다.

조금 늦게 가는
인생도 있음을

의대생 K가 찾아왔습니다. 사회학과를 졸업한 뒤, 다시 의과 대학에 입학한 지 벌써 2년째입니다. 군대는 학부 시절에 다녀왔고, 의과 대학 본과에 입학한 동기들은 올해 다 졸업하는데, K는 좀 더 다녀야 할 일이 생겨버렸습니다. 소위 유급을 한 거죠. 어차피 지금 같은 학년인 의대 동기들은 졸업하고 나서 혹은 인턴, 레지던트를 마치고 나서 군의관을 다녀와야 하니까 막상 전문의로서 사회에 진출하는 시기를 따지면 그리 늦는 것도 아닌데, K는 실망이 이만저만이 아닙니다.

본과 1학년은 몹시 힘들었습니다. 문과 출신으로 해부학, 생화학, 생리학, 유전학, 행동과학까지 공부하는 건 정말이지 엄청난 일이었습니다. 내용이 어렵기도 했지만, 방대한 양의 지식을 일정 기간 내에 이해하고 머릿속에 집어넣어야 한다는 것 자체가 마치 "소방 호스를 틀어놓고 물을 계속 마셔야 하는" 신세와도 같았습니다.

K는 이제 그런 1년을 다시 보내야 한다는 생각에 질려 있습니다. 물론, 전 과목을 다시 다 해야 하는 건 아니니까, 조금 여유를 갖고 모자라다고 느꼈던 과목을 집중적으로 공부할 수 있는 기회라는 생각도 듭니다. 그런데 왠지 자존심이 상하고 기운이 나질 않습니다. 부모님께도 면목이 서질 않고요. 직장에 다니는 두 분 부모님과 할아버지는 벌써 K가 의사라도 된 것처럼 여기저기 자랑을 하고 다니시는데, 이 상황을 어찌 말할지 두려움이 앞섭니다.

지금 당장은 유급을 당한 것이 무척 창피하고 1년이란 기간이 너무 길게 느껴질지 모릅니다.

창피한 마음은 일단 참는 수밖에 다른 방법이 없습니다. '이렇게 좋게 생각해 봐라' '차라리 잘 됐다' 같은 식의 위로는 그저 속 모르는 이야기로만 들릴 겁니다. 사람은 자기 자신의 무능이나 실패를 확인하는 순간, 심정적으로 무너질 수밖에 없으니까요. 그 무너진 마음을 다시 다독이고 일어서려면 짧든 길든 시간이 필요한 법입니다.

이런 이유로, 무너진 마음을 추스르는 방법은 사람마다 다를 수 있습니다. 아마 딱 떠오르진 않아도 우리 대부분은 이런 자기만의 방법을 하나쯤 갖고 있을지 모릅니다. 누군가는 자신이 잘하는 것(ex. 운동, 노래…) 혹은 자신이 중요하게 여기는 가치를 추구하는 일(ex. 종교 활동, 봉사 활동…)에 몰두하며 자기 자신이 쓸모 있는 존재라는 사실을 인지하고 바닥을 친 자존감을 끌어올릴 수 있습니다. 또 누군가는 혼자 여행을 떠나, 지금 겪은 이 일이 기나긴 인생에서 하나의 점 정도밖에 안 되는 사소한 일이란 걸 깨닫고 돌아올 수도 있을 것이고요.

이렇게 해서 마음이 좀 회복되고 나면 곧바로 일상으로 돌아올 것이 아니라, 이 상황을 다시 객관적으로 돌아보고 인생을 좀 더 높은 곳에서 내려다본다는 마음가짐으로 차분히 음미해 볼 필요가 있습니다.

몇 년 전, TV에서 어느 배우의 이야기를 흥미롭게 들었던 기

주변 사람들과 자기 자신을 비교하지 마세요.
오로지 '과거의 나'와 '현재의 나'만 비교하세요.

억이 납니다. 그는 노래 부르는 프로그램에 나오기 위해 2년간 실력을 갈고 닦았으며, 정식으로 배우가 되는 데도 13년이란 시간이 걸렸다고 했습니다.

"준비를 했는데도 잘 안 되는 경우가 많았어요. 그럴 땐 실망도 많이 했지만, 그냥 나는 늦게 되는 사람인가 보다, 하고 살았습니다."

사람마다 일하는 속도도, 무언가를 성취하는 데 걸리는 시간도 다르게 마련입니다. 저는 주변에서 공부를 하건 일을 하건 늦게 속도가 붙는 이들을 많이 봅니다. 결국 이런 친구들이 사회적으로나 경제적으로 크게 성공하고, 그 성공을 잘 지켜가더라고요. 아마 성공하기 전 고생을 많이 한 만큼 지금의 상황이 얼마나 이루기 어려운 건지 잘 알아서 그런 것 아닐까 싶습니다. 이와 달리, 운이 좋아 빨리 성공한 사람들 중에는 순식간에 나락으로 떨어지는 이들이 적지 않습니다. 실패를 거의 경험해 보지 않은 사람은 노력의 가치 또한 모르기 때문일 겁니다.

또 하나, 저는 '부러우면 지는 거다'라는 요즘 말이 정말 맞다고 생각합니다. 남들과 자신을 비교하는 건 내 정신 건강에 정말

최악인 것 같거든요. 서울대학교 심리학과의 최인철 교수는 자신의 책 《프레임》에서 긍정적인 사람은 자신의 과거와 현재를 비교하는 경우가 많다고 했습니다. 사람마다 출신, 성장 환경, 경제적 수준 등이 다 다른 상황에서 자신과 타인을 끊임없이 비교하다 보면, 늘 불행하고 억울하거나 근거 없는 우월감에 빠질 수밖에 없습니다. 호랑이와 닭이 서로 경쟁할 수 없는 것처럼, 나는 다른 사람과 그저 '다른' 사람인 겁니다.

주변 사람들과 자기 자신을 비교하지 마세요.
오로지 '과거의 나'와 '현재의 나'만 비교하세요.
과거의 나보다 현재의 나에게 더 나은 점이 있다면,
당신은 잘살고 있는 겁니다.

관계의 상처를
두려워하지 말 것

인간이 다른 동물과 다른 점 한 가지는 전두엽이 특별히 발달했다는 것입니다. 해부학자들에 따르면, 비둘기의 전두엽은 A4 용지 정도의 두께인 데 반해 인간의 전두엽은 이마를 튀어나오게 할 정도로 아주 많이 발달했다고 합니다. 전두엽이 발달한 이유는 인간으로 진화하면서 먹고살기 위해 동료들과 대화를 나누고, 공감을 하기 위해서였습니다.

옥스퍼드 대학교의 진화생물학자 로빈 던바Robin Dunbar 교수는 자신의 책《던바의 수How Many Friends Does One Person Need?》에서 인간이 사회생활을 하는 이유는 사냥을 같이하고, 음식을 나눔으로써 생존을 하기 위해서였다고 말합니다. 인간의 뇌도 그에 따라 진화하면서 사회적 뇌로 발달했고요. 그는 한 사람이 동시에 교류하고 연결할 수 있는 사람들의 수는 약 150명 정도라고 주장했습니다. 그래서 이를 "던바의 수Dunbar Number"라고 부르죠. 현대 사회의 회사나 군대 조직도 대개 이 숫자를 기본으로 해서 조직되어 있다고 하네요.

그렇게 보면 이 세상을 살아가는 사람들이 주변 사람들과 무언가 연결이 잘 안 될까 봐 노심초사하고 불안해하는 것도, 원시 시대부터 내려온 인간의 생존 본능과 관계 있지 않을까 합니다. 그리고 이런 노심초사나 불안을 다루는 정신 건강 전문의나 상담 심리학자들이 하는 일이란 것도 결국은 대상과 대화를 나누고 공감하는 것이란 점에서 의미심장하죠.[1]

25세의 P는 혼자서 잘 지내는 편입니다. 방에 들어앉아 스마트폰으로 개인 방송 시청하는 걸 즐기고 메신저로 친구들과도 자주 대화합니다. 중학교, 고등학교 친구들과도 자주 연락하고 또 만나기도 합니다. 가족들과도 친하게 지내는 편이라 문제 없고, 직장에서도 큰 갈등 없이 자기 역할 잘 해내며 지내고 있답니다.

그런데 P는 중학교 때부터 사람들을 만나고 나면 늘 불안했습니다. 친구들과 대화를 나누고 집에 오면 꼭 이런 생각이 들어 엄마를 붙들고 한탄을 하기도 했죠.

"나만 혹시 애들이랑 잘 어울리지 못한 거 아닐까? 애들이 뒤에서 나 이상하다고 얘기하고 다닐 것 같아, 꼭. 아까 그 얘긴 하지 말았어야 하는데…."

그럴 때마다 엄마는 P에게 너무 예민한 것 같다며, 그럴 일은 없을 거라고 그를 타일렀지만 불안감은 사라지지 않았습니다. 솔직하자고 한 말인데 혹시 친구들 마음을 상하게 한 건 아닐까 싶어 걱정이 되고, 친구 그룹 중 몇몇이 갑자기 시간이 비어 영화를 보고 왔다고 하는 날이면 나만 외톨이가 된 것 같아 속상해지곤 했던 것이죠.

나이를 좀 먹은 지금은 그 정도는 아니지만, 아직도 직장에서나 동창 모임에서 비슷한 감정을 느낄 때가 많습니다. 그렇다 보니, 이제는 그런 감정을 느끼는 자신이 좀 이상하다는 생각도 들고, 이런 내가 과연 이성을 잘 만나서 사귀고 결혼은 할 수 있을지 또 걱정이 됩니다.

P는 자신이 이상한 사람이라고 했지만, 사실 세상 사람 중에 아무 걱정이나 두려움 없이 누구하고나 잘 지내는 사람이 과연 있을까요?

물론 더러는 타고난 기질에 따라 붙임성이 좋고, 우호적으로 인간관계를 잘 맺는 사람들이 있긴 합니다. 꼭 '외교관' 타입이라고나 해야 할까요? 이들은 학급 회장이나 모임의 총무 역할을 도맡아 합니다. 일명 '마당발'로 통하면서, '도대체 연락하고 지내지 않는 사람이 있긴 한 걸까' 하는 생각에 휩싸이게 만들곤 합니다. 뿐만 아니라 그들 모두와 친해 보이고요.

하지만 그 외 대다수의 사람들은 소심하고 내성적입니다. 나서서 먼저 사람들에게 인사를 건네거나 그들과 날씨 이야기를 나누는 것도 실은 좀 거북합니다. 누군가 대화를 시작하면 듣는 건 잘할 수 있습니다. 그래도 가끔은 먼저 재미있는 이야기를 하고 싶기도 한데, 잘 안 됩니다.

사실, 남들에게는 외향적으로 보이는 사람들도 외로움을 타거나 쓸쓸해하는 경우가 적지 않습니다. 이들에게 자기 성격이 어떤 것 같으냐고 물으면 십중팔구 "내성적인 것 같다"는 답변이 돌아오죠.

많은 사람들이 타인과 잘 지내려 '노력'하면서 삽니다. 어느 초등학교에나 친구들한테 해줄 재미있는 이야기를 적어가지고 다니는 친구들이 한두 명씩은 꼭 있습니다(없을 것 같죠?^^). 이 친구들은 정말 활발해 보이죠. 하지만 이 친구들도 무언가 자신의 모자람과 부적절함을 느끼곤 하면서 그걸 극복하려고 노력하는 경우가 많습니다. 그 노력 중 하나가 이런 '재미있는 이야기 적어 다니기'인 셈입니다.

그런데 성격상 이런 노력을 하기 힘든 사람들은 어떻게 해야 할까요? 하기 싫고 되지도 않는 노력을 계속 기울이면서 친구들과 어울리려고 발버둥쳐야 할까요?

저는 그렇게 생각하지 않습니다. 혼자 지내는 것도 괜찮습니다. 한때 유행하던 은어 중에 '스따'라는 말이 있었습니다. '스스로 왕따'라는 뜻이죠. 친구들 그룹에 적극적으로 소속되지 않아도 마음이 불편하지 않은 이들을 일컫는 것입니다. 이렇게 사는 것도 괜찮지 않나요? 그저 내 성향에 맞게 조용한 생활을 하면 되는 거니까요. 아주 가까운 친구 몇몇과 어울리며 책 읽고, 영화 보고…. 상담실에서 대화를 하다 보면 이런 성향을 가진 친구들끼리 모여 조금 조용하지만, 편안한 관계를 유지하는 경우도 많이 보게 됩니다.

그럼에도 불구하고 직장에서 자꾸 사람들과 부딪쳐야 하거나 여럿이 대화를 해야 할 때는 무언가 하지 않으면 안 될 것 같은 생각이 듭니다. 그래서 몇 마디 꺼낼라치면 내 말을 듣고 나를 싫어하는 사람 아니면 나의 적이라도 생기는 건 아닐까 두려워지고요.

그냥 지금은, 그래도 되는 때입니다. 당신은 지금 그럴 때인 거예요.

주변 사람들 비위를 다 맞추고 살 수는 없습니다. 기질도 다르고, 성장 배경도 다른데 좋아하는 것이나 의견이 다 같으면 오히려 이상한 거죠. 나는 그게 싫은데 다른 사람들 비위를 거스르기 싫어 무조건 좋다고 하면서 가만히 있는 건 더 이상하지 않나요?

가끔은 내 일을 하면서 생각이 다른 사람들을 만나기도 합니다. 그들 중에는 자신과 생각이 다르다고 나를 비난하거나 뒷말을 하는 이들도 얼마든지 있습니다. 그런 행동은 대부분 그들이 성숙하지 못하기 때문인 경우가 많습니다. 그리고 그 성숙하지 못함은, 거듭 강조하지만 그들이 해결해야 할 몫입니다.

성직자분들의 설교를 듣다 보면 공통적으로 듣게 되는 말이 있습니다.

"그 문제는 그들의 몫입니다. 자신과 다르다고 나를 비난하는 그들을 미워하는 데 시간을 뺏기지 마세요. 그들 때문에 마음 상하면 당신만 손해입니다."

주변 사람이 나와 다르다고, 나를 이해하지 못한다고 미워하기 시작하면, 인간 심리 중 가장 흔하면서 가장 원시적인 방어 기제인 '투사projection'에 의존하게 됩니다. 나쁜 일이 생길 때마다 무조건 다 남 탓을 하는 거죠. 우리, 적어도 그렇게 살고 싶지는 않잖아요.

관계의 상처를 두려워하지 마세요.
모든 주변 사람들과 잘 지내려 하고 혹시 내 잘못 때문에 친구 관계를 잘 유지하지 못하게 될까 봐 걱정하는 것. 그렇게 걱정하는 데 들어가는 시간과 에너지가 너무 아깝잖아요. 그 시간과 에너지를 다른 데 썼으면 뭐라도 하나 해냈을 것 같지 않나요?
살다 보면 적이 생겨서 혹은 인간관계 때문에 힘들어질 수도 있죠. 속상하기도 하고, 화가 날 때도 있고요. 그런 게 인생인 거잖아요. 다른 사람들과 어울리면서 괴로울 때도 있고 즐거울 때도 있는 거잖아요. 그냥 원래 그것이 인생의 원리라고 생각하면,

2장

내가 더 편한 쪽으로 선택해 행동하는 게 그리 어려운 일만은 아닐 거라 생각합니다.

그렇게 내 성향에 맞춰 흐름대로 살며 감정을 가라앉히고 나면, 어느새 나를 이해하고 나에게 우호적인 사람들이 내 주변에 더 많다는 걸 알게 될 것입니다. 그때 맑아진 눈으로 그들을 바라보며, 내 식대로 교제하면 그뿐입니다.

너무 애쓰지 않아도
괜찮아

한동안 즐겨 보던 〈심야 식당深夜食堂〉이란 만화가 있었습니다. 드라마로도 나와서 재미있게 봤던 기억이 납니다. 밤 12시부터 아침 6시까지 문을 여는 식당에 저마다 사연을 가진 인물들이 찾아와 벌어지는 일을 그린 따뜻한 내용으로, 이미 많은 분들이 사랑하는 작품이죠.

저는 그중에서도 '토마토 베이컨 말이'라는 에피소드가 기억에 남습니다. 극 중에는 한 젊은 만화가가 등장합니다. 그는 데뷔하자마자 신인상까지 받고, 열심히 만화를 그리려 합니다. 하지만, 창작이라는 게 그렇듯이 스토리가 잘 풀리지 않고, 생활고까지 겹쳐 괴롭기만 합니다. 급기야 팬으로 만나 사귀던 애인과도 헤어지고 맙니다.

허름한 옷차림에 만사를 포기한 듯한 모습으로 토마토 베이컨 말이를 앞에 둔 채 심야 식당에 앉아 있는 청년에게, 멀끔한 차림의 또래 청년이 다가옵니다. 이미 몇 년 전 비슷하게 만화를 포기하고 낙향했다가 다시 마음을 잡고 그림을 그려 새롭게 연재를 시작한 만화가였습니다.

별 대화 없이 앉아 있다가 일어나는 청년에게 동료가 한마디 던집니다.

"만약에 네가 지쳤다면, 잠시 만화와 떨어져 있으면 나아질 거다. 다시 만화를 그리고 싶다는 생각이 정말로 든다면, 그때 다시 그리면 되는 거야."

저도 그와 비슷한 생각입니다. 당장 생계가 걸려 있어서 일을 중단할 수 없는 경우가 아니라면, 적게 먹고 적게 쓸 각오로 1년 정도 휴식 시간을 가져보는 게 어떨까요? 연예인들이 흔히 활동을 쉬면서 '충전할 시간이 필요하다'고들 말하는데, 이건 일반인들에게도 마찬가지로 적용되는 이야기입니다.

우리 대부분은 유치원을 다닐 때부터 중간에 낙오하거나 쉬는 일 없이 지속적으로 학업을 이어오다 보니, 아무것도 하지 않고 그냥 쉰다는 것에 대해 두려움이 있는 것 같습니다. 저도 그렇고요. 그러다 막상 다람쥐 쳇바퀴 돌듯 돌아가는 일상에 브레이크를 걸고 나면 '왜 내가 이런 걸 진작 안 했지?'란 생각이 절로 들곤 합니다.

미국 등 서구권 국가의 학생들은 고등학교 과정을 마치고 대학에 가기 전, 1년 정도를 쉬면서 봉사 활동을 하기도 하고 여행을 하기도 하며 본인 삶을 재정비하는 시간을 갖곤 한답니다. 정식 학업을 시작하기 전, 이런 과정을 거치면서 자기 삶에 대해 이런저런 생각을 해보는 겁니다. 이런 도약을 위한 쉼의 기간을 일컬어 '갭 이어Gap year'라고 부른다죠.

최근에는 우리나라 젊은이들 사이에서도 갭 이어에 대한 인식이 확대되고 있습니다. 이에 따라 '한국갭이어(www.koreagapyear. com)'에서는 이렇듯 자기 삶에 잠시 쉼표를 찍고 다양한 경험을 해보고자 하는 이들을 위한 여러 가지 프로그램을 운영하고 있습니다. 이곳을 찾는 젊은이들 대부분은 아직 미래에 무엇을 해야 할지 갈피를 잡지 못했거나, 현재의 생활에 지쳤거나, 하고 있

는 일 말고 가슴 뛰는 다른 일을 찾고 싶어 이곳의 문을 두드리
곤 합니다.

　물론 갭 이어가 비슷한 상황에 놓인 모든 분들의 해답은 아닐
겁니다. 특히, 경제적 여유가 전혀 없는 데다가 가족을 부양해야
하는 분이라면 꿈도 꾸지 못할 일일 것이고요. 아마 이런 분께는
그런 시간을 갖는다는 것 자체가 꿈 같은 일을 넘어 사치로 여겨
질 수도 있을 겁니다.
　우리는 살아가며 늘 무언가 하기로 마음먹고 열심히 노력하길
반복합니다. 저도 그렇고 당신도 마찬가지일 겁니다. 그런데 그
게 마음먹은 대로 늘 잘되는 것만은 아니죠.
　주변을 보면 마치 천재처럼 하는 일마다 다 잘 해내는 친구들
이 있습니다. 세상 복을 싹쓸이한 사람마냥 승승장구하는 그런
친구들을 보면 맥이 쭉 빠집니다. 한편으로는 복도 복이지만, '나
는 노력이 부족해서 그런가 보다' 하는 생각이 들어 좌절하게 되
기도 합니다. 또, 집안이나 학벌이 좋아서 그 덕에 음으로 양으로
도움을 받아 잘나가는 사람들을 보면 억울할 때도 있고요. 그런
감정은 자연스럽게 '나는 아무래도 팔자가 별로 좋지 않아서 그
런가 보다' 하는 생각으로까지 이어집니다.

그런데 알고 보면, 본인 노력 없이 다 잘 풀리는 사람은 실상 그리 많지 않은 것 같아요. 주변을 한번 둘러보세요. 물려받은 재산이니 화려한 인맥이니 해서 성공한 것처럼 보이는 친구들보다는 그저 열심히 공부를 하건 부지런히 일을 하건 하면서 자기 삶을 묵묵히 일구어가는 사람들이 훨씬 많지 않나요? 그렇게 매일 해야 할 일을 자신이 할 수 있는 만큼 하고, 가끔 버거운 일을 만났을 때는 좌절도 하고, 잠시 주저앉아 있다가 다시 훌훌 털고 일어나는 이들 말입니다.

앞서 등장한 〈심야 식당〉 속 좌절 중인 청년에게 동료가 건넨 한마디가 계속 마음에 남습니다. 어쩌면 좌절 중인 청년이 스스로에게 줄 수 있는 최고의 선물은 '시간'일지 모르겠습니다. 그렇게 잠시 멈춰 서서 '갭 이어'와 같은 시간을 갖고, 그러다 만화를 그리고 싶은 욕구가 생겨나면 다시 그리기 시작하면 되는 겁니다. 만약 다시는 만화를 그리고 싶지 않다는 생각이 확고해진다면, 다른 가능성에 눈을 돌려봐도 되고요.

《빨강머리 앤*Anne of Green Gables*》에서 우리 친구 앤은 이렇게 말했답니다.

"엘리자가 말했어요. 세상은 생각대로 되지 않는다고. 하지만 생각대로 되지 않는다는 건 정말 멋져요. 생각지도 못했던 일이 일어나는걸요!"

열심히 살아야 하는 게 우리 인생입니다.

그렇지만, 가끔은 너무 애쓰지 않아도 괜찮습니다.

차라리 친한 남이라고
생각하세요

5월은 가정의 달로 불립니다. 날씨 좋고 아직 뜨겁지 않은 계절에 가족의 정을 나누고, 같이 돈독한 시간을 많이 가지라는 의도로 만들어진 것이겠죠. 그런데 요즘은 5월만 다가오면 마치 '명절 증후군'처럼 스트레스를 호소하는 사람들이 많아졌다고 합니다. 어버이날이나 어린이날 같은 기념일을 핑계로 가족 간에 벌어지는 '갑질'이 그 원인이랍니다.

갑질에 대해서는 앞서 한 차례 다룬 바 있죠. 주로 직장 내 갑질에 관한 이야기였는데요, 지위 고하가 뚜렷한 직장에서의 갑질은 잘 이해가 되는 한편, 평등해 보이는 가족 내에서도 갑질이 있다 하니 언뜻 이해가 가질 않습니다. 그렇다면 다음과 같은 경우를 한번 떠올려보세요.

- 성인이 된 자녀들에게조차 '부모가 하는 말에는 무조건 복종해야 한다'고 주장하는 부모.
- 모든 휴일에는 시댁에 와서 집안일을 같이할 것을 요구하는 시부모.
- 자신이 집에 있을 때는 삼시 세끼 차려주어야 하며, 자신에게는 이 것저것 집안일을 요구하지 말라는 배우자.
- 내 통장은 내가, 당신 통장도 내가 관리해야 한다고 우기면서 돈을 펑펑 쓰는 배우자.
- 취직을 하긴 했지만, 신입 연봉은 너무 짜다며 끝내 용돈을 받아가는 자식.

밖에서는 '호인'이란 평판을 듣고 또 타인에겐 그렇게 친절할 수가 없는 분들, 사회적으로 성공하고 인격적으로도 존경받는 분들 중에도 유독 내 가족에게만은 말과 행동을 함부로 하는 이들이 있습니다. 내 배우자, 내 자녀들에게 어찌 그렇게 함부로 말할 수가 있는지, 이야기를 전해 듣는 상담의로서 귀가 부끄러워질 때도 많습니다.

기본적으로, 갑질은 상대에 대한 존중과 공감을 배우지 못했을 때 많이 발생합니다. 특히 가정 내에서의 갑질은 자신이 사회에서 겪은 울분과 열등감을 자신보다 약한 존재에게 화풀이하는 형태로 나타나는 경우가 잦습니다. 남편과 싸우고 자녀에게 화풀이하는 엄마, 직장에서 상사에게 인정받지 못하면서 부인에게 폭언하는 남편이 대표적이죠.

스트레스 클리닉에서 상담을 하다 보면, 일사불란하게 가족의 일치단결된 모습을 보이는 이른바 '단란하고 우애 좋은 가족'의 경우 그중 한두 명의 인내와 희생이 바닥을 받치고 있는 것을 흔히 발견하게 됩니다. 모든 걸 감내하고 받아들이는 며느리가 끙끙대고 있거나, 결혼한 후에도 친정의 온갖 대소사를 챙겨주는 맏딸이 시달리고 있거나 한 것이죠.

이런 며느리나 맏딸은 결국 인내와 희생을 감내하다 못해 만성 우울증이나 화병 같은 문제들을 겪기 쉽습니다. 어른들을 모시고 병원에 다니다가 우울증이 와 치료를 받게 되는 소위 '세트 환자'들 중에 이런 분들이 많습니다. 실제로 이런 분들의 증세를 일컫는 '보호자 우울증'이란 말이 있을 정도입니다.

동양 고전의 명구들을 모아 놓은 책《명심보감明心寶鑑》은 '수신修身', 즉 인격 수련의 길을 잘 알려줍니다. 예전 책인 만큼 지나치게 보수적인 상하관계를 강조할 것이라 생각하기 쉽겠지만, 그렇지 않습니다.

이 책의 안의편安義篇에는 "인간관계는 빈부를 초월한다"는 말이 나옵니다. 준례편遵禮篇을 보면 가족, 친척 사이에서나 직장에서도 예의가 중요하며, 심지어 전쟁을 할 때도 예의가 있다고 강조합니다. 이런 적절한 예의과 존중을 위해서, 언어편言語篇에서는 말의 책임성을 인지하고 말을 삼가야 한다고 지적합니다. 정리하면, 가족 간에도 서로 존중해야 하며, 말과 행동에 있어 예의를 지키려는 노력이 건강하고 행복한 사회로 가는 기본이라는 것입니다.

내 몸과 같은 가족이기 때문에, 친하니까, 허물 없이 하는 이야기니까, 섭섭하게 생각해선 안 된다고요?《명심보감》은 절대 그렇지 않다고 말하고 있습니다.

허물 없이 하는 말일수록 상대에게 상처를 줄 수 있습니다.
차라리 선을 긋고 예의를 차린 채 말하세요.
때로는 말의 내용보다 태도가 더 중요할 수 있습니다.

성격상 가족에게는 친절한 말투를 쓴다거나 예의를 지키는 것이 너무 어렵다는 분들도 있을 수 있습니다. 그럴 때 방법은 하나입니다. 배우자나 자식 등 가족을 '친한 남'이라고 생각하고 스스로에게 주문을 걸어보는 것입니다.

각자에게 독립적인 삶의 영역이 있다는 점을 인정하고 서로 예의를 지키는 가족이야말로 가장 화목한 가족입니다. 내 가족이 밖에서 갑질당하지 않고 당당하게 살기 바란다면 집안에서도 그렇게 대우해야 합니다. 집에서 무시당하는 사람은 밖에서도 무시당하는 법이니까요.

어떤 부모가
아이에게 건강할까

대학생 시절 커플로 만난 C 부부는 졸업 후 얼마 지나지 않아 결혼했고, 슬하에 아들 두 명을 두고 있습니다. 열여덟 살이 된 큰아들은 네 살이 될 때까지 주로 할머니가 양육했다고 합니다. 열네 살 둘째 아들은 양육을 도와주는 아주머니와 많은 시간을 보냈습니다. 하지만 두 아들 모두 엄마 C가 퇴근한 다음에는 엄마와 시간을 보내고 잠도 같이 잤습니다.

나이를 먹으면서 보니, 두 아들의 성격이 각각 조금씩 다른 것 같습니다. 맏아들은 매사 자기 중심적이고 고집도 센 편이어서

하고 싶은 게 있으면 끝까지 해버리는 편입니다. 그래서 평소엔 하고 싶은 대로 두지만, 필요에 따라 엄하게 혼을 내기도 합니다. 반면, 둘째 아들에게는 어려서부터 비교적 자유로운 시간을 더 많이 주었습니다. 성격은 제 형보다 더 좋은 것 같습니다. 학교 생활도 잘하고 친구들과도 사이가 돈독하니까요. 대신 쉽게 짜증을 느끼고 좀 게으른 편입니다. 공부를 할 때도 대충대충 할 때가 많아서, 제대로 할 수 있도록 설득하고 밀어붙여야 합니다. 자녀 교육에 관한 한 주로 아내인 C의 의견에 따르는 남편은, 그 덕분에 아이들이 잘 성장하고 있는 것이라 믿고 있습니다.

또 다른 커플인 F 부부는 딸 하나를 두고 있습니다. F 부부는 학교를 졸업한 이래 둘 다 계속해서 일을 하고 있는데, 상대적으로 아내 F의 직장이 더 바쁘고 밤늦게까지 일해야 하는 경우가 많습니다. 그래서 어려서부터 아이는 입주 돌보미 아주머니와 함께 지냈고, 밤에도 엄마와 놀 수 있는 시간이 별로 없었습니다. 아빠의 경우, F에 비하면 조금 일찍 귀가하는 편이었지만, 다정다감한 편이 아니어서 딸과 많은 시간을 보내진 않았습니다. 아이가 어렸을 때 시끄럽게 울며 놀아달라고 하면 조용히 하라면서 윽박지르곤 했죠.

F 부부의 딸은 무럭무럭 자라 어느덧 고등학생이 되었습니다. 성적이 최상위권인 딸은 시험 공부를 하다가도 엄마에게 자주 전화를 겁니다. 그러고는 화도 내고 엄마를 원망하거나 닦달하기도 합니다. 아무래도 예민해서 그런 것 같습니다. 아주 잘하는 게 있어도 곧잘 배우다 금세 그만두곤 합니다. 딸이 왜 그러는 건지 걱정입니다.

의대 강의 가운데 '사회적 뇌와 인간 행동'이라는 과목이 있었습니다. 이 강의에서는 흔히 양육 방식에 따라 부모의 형태를 몇 가지로 나누어 살펴봅니다.[2] 그 형태를 각각 '독재적인 부모' '권위 있는 부모' '허용적인 부모' '무시하는 부모'라고 불러보겠습니다.

'독재적인authoritarian 부모'는 흔히 '권위적인 부모'라고도 불립니다. 이런 분들은 자녀들에게 많은 규칙을 지킬 것을 강요합니다. 이유를 설명하기보다는 무조건 따르기만 바라죠. 영화 〈사운드 오브 뮤직The Sound of Music〉에서 아이들을 호루라기 소리에 맞춰 군대식으로 길들이던 폰트랩 대령이 생각나지 않나요? 이런 집안 분위기에서 자라난 아이들은 성장해 나가면서 쉽게 짜증을 낸다고 합니다. 스트레스를 조금이라도 받으면 쉽게 불행해하고 좌절하고요. 목표를 위해 노력하다가도 주위 사람들을 괴롭히는 특징을 보이기도 하죠.

'권위 있는authoritative 부모'는 자녀들에게 여러 가지 규칙을 주기는 하는데, 그래도 해야 하는 이유를 설명해 주며 융통성 있게 판단합니다. 아이가 정 통제가 안 될 때는 강제로 통제하려고 할 때도 있긴 하지만, 전반적으로 집안 분위기는 부드러운 편입니다. 이런 부모 밑에서 자란 아이들은 비교적 또래 집단에서 활발하고 명랑합니다. 호기심이 많아서 무언가 이루려고 노력을 하고요. 어른이나 또래 들에게 비교적 협조적인 태도를 가지고 살아가는 경우가 많습니다.

'허용적인permissive 부모'는 자녀들에게 별다른 통제를 하지 않습니다. 이것저것 하라는 요구도 없고, 하고 싶은 대로 놔둡니다. 흔히 바쁘게 살아가거나 본인들이 좀 이기적으로 살아가는 부부의 경우입니다. 이런 부모 밑에서는 자녀들이 자기 중심적으로 성장하는 경우가 많습니다. 오히려 통제를 하지 않으면서 키웠음에도 자립심이 약하고, 자제력도 부족합니다. 또한 반항적인 편이어서 어른들을 공격적으로 대하기도 합니다. 독립심이 약한 탓에 성취하려는 욕구도 별로 없습니다.

이런 부모들은 흔히 이보다 더 심한 '무시하는ignorant 부모'가

될 가능성이 큽니다. 이들은 애초 자녀들에게 신경 자체를 안 쓰기 때문에, 아이들 스스로 알아서 자라나야 합니다. 자녀들의 성장에는 아주 좋지 않은 환경이라고 할 수 있겠습니다.

어떤가요? 당신은 앞의 네 가지 유형 중에서 어떤 부모 유형에 속하나요? 당신의 부모는 어떤 부모였나요? 앞으로 당신은 어떤 부모가 되고 싶나요? 혹은 나 자신에게 어떤 부모가 되어주고 싶나요?

성장하는 자녀들에게 열심히 공부를 하라거나 성실하게 일을 하라고 강요할 수는 있습니다. 게으른 자녀들에게 잔소리를 하거나 화를 낼 수도 있을 것이고요. 하지만 그러려면 아이들이 긴 어린 시절을 보내는 동안 부모로서 반드시 다해야 할 책임이 있습니다.

아이들에게 강하게 의견을 말할 수 있으려면, 그들과 어린 시절에 함께 놀아주는 시간을 많이 가져야 합니다. 아이와 같이 그림 그리는 부모, 노래 부르는 부모, 뛰어다니는 부모가 나중에 자기 의견을 자녀들에게 강하게 어필할 수 있다는 것입니다. 또, 부모가 어린 자녀와 놀아주고, 시간을 공유하고, 아이들에게 공감해 준다는 건 아이들 감정을 키워주는 핵심적인 방편이라는 점에서 매우 중요합니다. 아이들에게는 그 감정이란 것이 도화지의 배경 색깔 같은 역할을 하면서, 평생의 인간관계에 영향을 미치고 기본적인 삶의 밑그림을 그리는 데 큰 역할을 합니다.

그렇다고 해서 꼭 부모 중 한 분이 전업주부 역할을 해야 하는 것은 아닙니다. 실제 주변을 살펴보면 부모가 직장에 다니지 않는다고 해서 자녀들과 함께 오랜 시간을 보내는 건 아닌 듯 보입니다. 오히려 바쁜 직장일을 마치고 난 이후 저녁 시간과 주말 시간을 이용해 최선을 다해서 아이들과 놀아주는 젊은 엄마, 아빠도 많으니까요.

앞의 네 가지 부모 유형 이야기를 읽으며 자신의 부모님을 떠올리는 분들도 많을 거라 생각합니다. 그러면서 부모님이 원망스럽다는 생각을 하게 되는 분들도 있을 것입니다.

하지만 당신이 스무 살을 넘긴 성인이라면, 현재의 삶이 무조건 어린 시절 부모의 양육에 따른 결과라고만 볼 수는 없습니다. 사춘기가 지날 때까지야 어린 시절 부모의 양육 방식에 영향을 받을 수밖에 없겠지만, 성인이 된 이후의 삶은 결국 내가 어떻게 살기로 결심했는냐에 달린 것이니까요. 다정하고 합리적인 부모, 넉넉한 환경에서 자란 친구들이 부럽긴 하겠지만, 타고난 조건을 어찌할 수 있나요?

체념하라는 것이 아닙니다. 이제부터의 내 삶을 나 스스로 결정하기로 마음먹고, 이를 위해 노력해 가면서, 지금의 자기 삶을 최선으로 받아들이자는 것입니다. 저는 이렇게 살아가는 분들이 무척 현명하다고 생각합니다.

소확행,
내 마음의 피난처

　이제 조금 시들해지긴 했지만, '소확행小確幸' 열풍은 꽤 오래가는 것 같습니다. '소소하지만 확실한 행복', 그러니까 작은 행복에 만족하며 사는 삶을 뜻하는 이 말은 특히 젊은이들 사이에서 추구하고자 하는 삶의 방향을 이야기할 때 많이 거론됩니다.

　얼핏 동양 고전에서 인용한 것만 같은 말인데요, 이는 사실 일본의 소설가 무라카미 하루키村上春樹의 에세이 〈랑게르한스섬의 오후ランゲルハンス島の午後〉에 등장한 말이라고 합니다. 하루키가 말하는 작은 행복은 이런 것들입니다. 갓 구운 따뜻한 빵을 손으로 찢

어 먹는 것, 서랍 안에 반듯하게 접어 넣은 속옷이 잔뜩 쌓여 있는 것, 겨울밤 부스럭 소리를 내며 이불 속으로 들어오는 고양이의 감촉 같은 것들이죠.

제가 이 단어를 처음 들었을 때 머릿속에 그려지는 장면은 이것이었습니다. 명절만 되면 TV에서 틀어주는 영화 〈사운드 오브 뮤직〉 속 한 장면인데요, 견습 수녀였던 주인공 마리아가 수녀원을 나와 어린 7남매와 퇴역 군인 아버지가 함께 사는 대저택의 가정 교사로 들어간 후 불안하고 두려운 마음으로 맞이하는 첫날이었습니다. 바람이 심하게 불고 천둥 번개가 치는 밤, 각자 혼자 자던 아이들이 무서운 마음에 마리아의 방으로 뛰어들어오는 것이었습니다.

마리아는 아이들에게 이럴 때는 재미있는 것들을 떠올려보자면서 노래를 같이 부릅니다. 그 유명한 '내가 가장 좋아하는 것들MY Favorite Things'입니다.

장미에 맺힌 빗방울, 고양이의 수염, 구릿빛 주전자,
따뜻한 벙어리 장갑, 끈으로 묶인 갈색 상자 (…)
개에 물렸을 때, 벌에 쏘였을 때, 마음이 아플 때
좋아하는 것들을 떠올리면 마음이 풀릴 거야.

무섭고, 불안하고, 미래가 불확실할 때, 내가 좋아하는 작은 것들을 생각하면서 내 마음을 위로하는 작은 행복을 노래합니다. 그야말로 소확행에 딱 들어맞는 가사 아닌가요?

정신 의학을 연구하는 저는 '소확행'을 어떻게 바라볼까요? 저는 이를 '내 마음의 피난처' 또는 '내 마음의 충전소'라 이름 붙이고 싶습니다.

우리 일상은 갖가지 스트레스에 둘러싸여 있습니다. 아침에 졸린 눈을 비비며 일어나는 것, 한자리에 진득하게 앉아서 꾸준히 공부하는 것, 직장에서 사람들과 이런저런 문제로 부대끼는 것 등 이 모든 일들이 하루하루 우리가 감당해야 하는 스트레스입니다. 웬만한 일은 그저 늘 겪는 일상이 되어버린지라 힘든지도 모르고 지나가지만, 그때마다 느끼는 스트레스와 그 일에 대한 후회, 그 인간에 대한 분노 감정 들은 매일매일의 '데일리 트라우마Daily Trauma'가 되는 것입니다. 그 일상의 트라우마들을 그냥 쌓아두고 방치하면 우울증이 되고, 더 심해지면 울분 장애가 되는 거죠.

이럴 때, 바쁘고 정신없는 혹은 마음 아픈 그 시간에 소중한 무언가를 들여다보거나, 쓰다듬거나, 귀하게 여기는 행위로 얻는 행복, 즉 소확행은 내 마음을 보듬는 정신적인 피난처 역할을 하는 것입니다. 어떤 이에게는 소확행거리가 어린 시절의 기억이 묻어 있는 동화책이나 만화책일 수도, 누군가에게는 먼지 쌓인 레코드판일 수도 있습니다.

생각해 보니, 저에게는 하도 여러 번 읽어서 거의 외우다시피한 책이 한 권 있는데, 이 책을 들고 편안한 소파에 조용히 앉아 있는 것이 마음을 쉬게 하는 작은 행복 중 하나인 것 같네요. 그러고 보면, '피로 사회' '탈진 사회'라는 '병명'까지 얻은 우리 사회에서 이런 소확행을 추구하는 시간은, 아주 잠시 쉬면서 다음 발자국을 내딛기 위해 재충전하는 시간이라고도 볼 수 있겠습니다.

앞서 말씀드렸다시피, '소확행'이란 말은 특히 2, 30대들 사이에서 널리 회자되고 있는데요, 이는 그만큼 이 세대들이 현실을 팍팍하게 느끼고 있다는 뜻이겠죠. 실제로 스트레스-우울증 클리닉에 상담하러 오시는 분들만 봐도 예전에 비해 연령대가 확실히 낮아지긴 했습니다.

예전에는 우울증이나 조울증, 조현병처럼 어떤 특정한 정신 증상이 있어야 찾아오는 분들이 많았습니다. 하지만 이제는 그냥 삶의 의미를 잘 모르겠다고 찾아오는 젊은이들이 늘어난 것인데요, 친구도 만나지 않고, 아무런 하는 일 없이 집에만 틀어박혀 있다고 부모님 손에 이끌려오는 젊은이들도 적지 않습니다.

이들과 이야기를 나누어보면 비슷한 패턴이 보입니다. 그동안 부모님이 정해준 인생의 목적대로 살아오다가 본인이 무언가를 책임져야 하는 나이가 되니까 아무것도 생각해 놓은 게 없다는 자각에 이른 것입니다.

"지금껏 부모님이 시키는 대로, 선생님이 말하는 대로, 사회가 요구하는 대로, 정말 열심히 살아왔어요. 그런데 막상 저에게 자유가 주어지니까 지금부터 어떻게 살아야 하는지, 삶의 목적이 무엇인지 모르겠더라고요. 하다 못해 쉴 땐 어떻게 쉬어야 하는지도 모르겠고요."

이들은 공허한 눈으로 이렇게 말합니다.

그런 젊은이들에게 기성 세대들은 "인생을 길게 보면 지금이 힘든 때인 거다. 어차피 이런 힘든 시기는 지나갈 거니까 조금만 더 노력하자"라고들 말합니다. 그런데 저는 좀 더 '노력'하는 것이 아니라 조금 더 '쉼'이 필요하다고 생각합니다. 이미 지칠 대로 지친 사람에게 계속해서 앞만 보고 달려가라는 건 결국 그 사람을 쓰러뜨리는 일이 될 수도 있으니까요. 이들에게는 마음을 좀 쉴 수 있도록 일상의 작은 행복을 성취하는 일이 더 중요한 것 같습니다. 소확행이 계속해서 유행하는 이유가 무엇인지 한 번쯤 되새겨볼 일입니다.

각자 행복하게
잘살기 위하여

일상에서 작은 행복을 실천하는 것, 말로는 쉽지만 막상 해보려고 하면 쉽지 않습니다. 시작했다 해도 고민되는 부분이 분명 있을 것이고요.

무조건 내가 좋아하는 거라면 마음대로, 언제든지 해도 괜찮은 걸까요? 예를 들어, 내 마음이 편해진다고 해서 밤낮없이 인터넷 방송만 본다거나 밤새도록 인터넷 게임을 한다면요? 스트레스가 확 풀린다고 홈쇼핑으로 매일 물건을 사들이는 건요? 그리 건강해 보이지 않습니다. 이렇게 보면, 행복을 추구하는 데도 몇 가지 조건이 있을 것 같습니다.

그전에, 가장 중요한 것, 대전제라 할 수 있는 것은 '나부터 챙기는 것'입니다. 제가 여기저기 다니면서 우리 집 가훈을 말씀드리곤 하는데요, 바로 다음과 같습니다.

'각자 행복하게 잘살자.'

어차피 내 인생, 내가 챙기고 살아가는 거지 부모나 타인이 대신 살아주는 게 아니잖아요. 물론, 부모의 역할은 자녀를 보호하고, 자녀에게 학업 계획과 직업 선택 등에 있어 일종의 가이드 라인을 제시하고, 자녀가 홀로서기를 하기 전까지 보호막 역할을 하는 것이라고 할 수 있겠죠. 하지만, 부모의 역할 중 가장 중요한 건 '본인이 잘사는 모습을 보여주는 것'이라고 생각합니다.

내가 어떤 때 행복한지 알기 위해서는 어릴 때부터 내가 무엇을 할 때 행복한 인간인지, 무엇을 해야 만족하는지 스스로 찾아가는 과정이 필요합니다. 청소년뿐 아니라 중년 아저씨들도 남들이 하는 것을 이것저것 따라 해보는 일이 많습니다만, 사실은 타인을 따라갈 필요도, 타인의 권유를 무조건 받아들일 필요도 없는데 말이죠.

내가 무엇을 좋아하는지 이것저것 시도도 해보고, 집중도 해보는 게 나만의 작은 행복을 찾고, 나만의 충전소를 만드는 방법입니다.

이제 본격적으로 소확행을 실천하기 위한 방법을 몇 가지 알아보겠습니다.

스스로의 만족 기준 명확히 하기

대부분의 사람들은 자기 자신과 타인을 비교하는 것에 익숙합니다. 그들보다 내가 더 낫다고 느낄 때, 남보다 더 가진 게 있다고 느낄 때, 기분도 우쭐하고 더 행복하다고 생각하는 경우가 많습니다. 하지만 정신 의학적으로 건강한 사람들, 성숙하다고 하는 사람들은 앞서 한 차례 지적했던 바와 같이 타인과 자신을 비교하는 것이 아니라, 자기 자신의 과거와 현재를 비교합니다. '과거의 나'와 '지금의 나'를 놓고 과거의 서툴렀던 나보다 조금 더 나아지고 한 단계라도 발전한 나를 바라보면서, 자기 내부에 비교의 기준점을 설정해 놓는 것입니다.

이때 중요한 것은 인생의 목표를 설정하되, 너무 거창하거나 큰 목표보다는 작은 목표를 여러 개 만들어놓고 노력하는 것입니다. 우리는 비록 인생 전체에 걸쳐 달성하고자 하는 목표가 있을지라도, 내 삶이 결코 목표대로 흘러가지는 않으리라는 사실을 잘 알고 있습니다. 또한 큰 목표 하나를 만들어 놓고 그것만 바라보며 살아가기에 인생은 너무 길어 지치기 쉽다는 것도요. 이럴 때 작은 목표, 중간 목표는 마치 등산로의 벤치와도 같은 역할을 합니다.

'다음 벤치가 나올 때까지만 좀 참자. 거기서 좀 앉아 쉬고, 물도 마셔야지.'

이런 생각을 하게 하는 것입니다. 그렇게 버티고 버텨서 그 벤치에 도달하고 나면 마침내 앉아서 잠깐 쉬며 꽃도 보고, 바람도 느끼고, 남은 길이 얼마나 되는지 지도도 한번 살펴볼 수 있겠죠.

정리하면, 나만의 만족 기준을 설정하되, 거대한 목표가 아닌 작은 목표를 여러 개 만들어놓는 편이 좋습니다. 참고로 저는 그 목표를 달성하지 못했을 때에 대비해 '플랜 B'도 만들어놓는 편입니다.

재충전을 위한 작은 행복을 추구하기

내 만족을 추구한다고 하면서, 무언가 즉각적이고 말초적인 즐거움을 주는 대상만을 찾는 분들이 많습니다. 그분들에게는 밤마다 술을 마신다거나, 카드를 긁으며 돌아다니는 게 일상의 작은 행복일 수 있겠죠. 하지만 이렇게 즉각적인 만족을 추구하는 습관은 오래가지 못합니다. 순간적으로 스트레스가 풀릴 수는 있어도 결국 스스로가 정도를 넘었다는 생각에 오히려 자존감이 떨어지기도 하고, 물리적인 뒷감당을 하기 힘들어 후회하는 경우도 많거든요. 또 나는 괜찮을지 몰라도 가족들을 힘들게 하는 경우도 적지 않습니다.

지금 내 마음에 약간의 안정과 평화를 주면서도, 앞으로 한걸음 더 나아가기 위한 재충전의 기회로 삼을 수 있는 것. 그것이 제대로 된 작은 행복일 것입니다.

내 삶의 대의명분 잊지 않기

우리는 대학생이 되건, 회사원이 되건, 공무원이 되건, 부모가 되건, 처음 무언가를 시작하면서 '내가 이것을 왜 하는가'라고 하는 대의명분을 한 번쯤 떠올립니다. 그 대의명분이 없는 채로 그 일을 시작하면 버티기 쉽지 않을 때가 많죠. 대의명분이 뚜렷한 채로 무언가를 시작했다 해도, 치열한 경쟁에 시달리고, 조직 내 톱니바퀴 사이에서 살아남기 위해 온갖 수단과 방법을 다 동원하고, 갖은 시스템에 치여 정신 없이 살다 보면 그것을 잊기 십상입니다. 어느 순간 정신을 차리고 보면 대의명분은커녕 남이나 괴롭히고 있는 가해자가 되어 있기도 하죠.

삶의 대의명분이라는 것은 결국 지금 '왜 이러고 사는지'에 대한 이유입니다. 그것을 잊어버리고 살고 있으니, 아무런 인생의 의미도 없고 재미도 없게 느껴지는 것입니다.

일상에서 작은 행복을 즐기면서 내 삶의 대의명분이 무엇이었는지 한번 떠올리는 시간을 가져보면 좋겠습니다. 혹시라도 그동안 그런 것을 생각해 볼 여력이 없었다면, 지금부터라도 나만의 대의명분을 찾아 보세요. 그래야 힘든 일상을 버티고, 그 안에서 나만의 소확행을 추구할 수도 있을 것입니다.

주변 사람들의 행복 훔치지 않기

내 행복을 추구하기 위해 자기 위주로, 내가 원하는 대로 살면 그만이라고 하는 분들을 종종 만납니다. 뭐, 나쁜 말은 아닙니다. 자기 인생, 자기 마음대로 사는 건 자유니까요. 문제는, 그러면서 자기 가족이나 주변인들에게 희생을 강요해선 안 되는데, 그러는 분들이 꽤 많다는 사실입니다. 스트레스를 풀기 위해 소확행을 한답시고 술을 과하게 마시거나 쇼핑을 마구 하는 분들에 대해 이야기했던 것처럼, 그런 식의 소비적인 행동은 분명 주변 사람들에게 큰 피해가 될 수 있습니다. 메탈 음악을 들을 때 가장 행복하다 해서 한밤중에 큰 소리로 시끄럽게 음악을 틀어놓거나, 먹어야 스트레스가 풀린다고 잔뜩 음식을 해먹고는 설거지는 나몰라라 다른 가족에게 미루는 식의 행동도 마찬가지겠죠. 나의 행복이 타인을 괴롭히는 것을 기반으로 해서는 안 된다는 걸 잊지 마시기 바랍니다.

휴식하되 균형 맞추기

작은 행복을 추구한다고 해서 편한 일만 하며 살 수 있는 사람이 얼마나 될까요? 운 좋게도 자기가 끔찍이 좋아하는 것을 직업으로까지 연결한 분들도 있긴 하겠지만, 그런 분들도 막상 좋아하던 게 일이 되면 시들해진다고 많이 이야기합니다. 마음을 재충전시키는 작은 행복은 어쩌면 '가끔' 하는 것이라 좋은 것일 수 있단 얘기죠.

그러므로, 내가 원래 하고 있는 일이나 공부와 작은 행복거리들 사이의 균형을 어떻게 맞추는 것이 좋을지 고민해 볼 필요가 있습니다. 어떤 주기로 얼마큼 했을 때 행복이 극대화되는지 스스로를 관찰해 보면서 적정선을 찾아 설정해야 한다는 것이죠.

나만의 행복거리를 몇 가지 만들어두세요.
그리고 그것을 추구하면서 잠시라도 숨통을 틔워보세요.
그 시간만큼은 평범하고 별것 없어 보이는 내 인생이
잠시 반짝반짝 빛을 내는 시간이 될 것입니다.

'행복이라는 말은 허상에 불과하다' '행복해야 한다는 도그마 dogma에 지나치게 집착할 필요 없다'는 이야기도 많이 들리는 요즘입니다. 여기저기서 행복, 행복 하니 아마도 그 말마저 듣기 싫고 공허하게 느껴져 그런 거겠죠. 그럼에도 확실한 건, 소확행은 힘든 일상을 어떻게든 잘 건너가려고, 쭉 떨어진 에너지를 회복해 보려고 애쓰는 우리 평범한 사람들의 자구책이란 점입니다.

나만의 행복거리를 몇 가지 만들어두세요.

그리고 그것을 추구하면서 잠시라도 숨통을 틔워보세요.

그 시간만큼은 평범하고 별것 없어 보이는 내 인생이

잠시 반짝반짝 빛을 내는 시간이 될 것입니다.

천천히 시간을 들여
다듬고 또 다듬고

　　중년의 정신 건강 전문의 Y. 의과 대학 동기니까 저와는 꽤 오랜 세월 많은 대화를 나눈 사이라고 할 수 있죠. 오랜만에 만난 그가 재미있는 이야기를 들려주었습니다.

　　어제는 미용실에 가는 날이었다고 합니다. 전화로 예약을 한 후 시간에 맞춰 방문한 것이라 오래 기다리지 않고 바로 자리에 앉을 수 있었습니다.
　　그런데 일사천리로 머리를 잘라준 디자이너가 그대로 앉아 좀 기다리라고 하는 겁니다. 샴푸를 하고 나서 다시 헤어라인을 봐 준다고요. 다른 스태프가 와서 머리를 감겨주더니, 또 앉아서 잠시 기다리라고 합니다. 기다리는 시간이 길어지면서 이 친구는 온갖 생각이 다 들었다고 합니다.

"별별 생각이 다 들었지. 이렇게 오래 앉혀 놓으면 어떡하나, 나 같은 아저씨는 미용실이 아무래도 좀 쑥스러운데. 이발소 같으면 벌써 다섯 명쯤 머리 깎고 돈 받고 보냈겠다. 에고, 옆 사람 머리 너무 오래 만지지 말고, 간단하게 끝날 나부터 해결해 주면 좋을 텐데, 아님 직원들 움직이는 동선을 잘 정리하면 좀 더 효율적일 것 같은데… 등등."

Y는 원래도 성질이 좀 급한 편입니다. 여기에 중년기에 접어든 저 같은 남성들이 흔히 그렇듯, 본인 일이 가장 급하다는 생각이 들어 더 불만스러웠던 것이겠죠.

머릿속 투덜거림이 한창일 무렵 조용히 다가온 디자이너는 다시 한번 Y의 머리 스타일을 살피더니 세심하게 다듬어주더랍니다. 그러고 나서는 친절하게도 모발 관리에 도움이 되는 이야기를 해주었다고 합니다. 그러자, Y의 머릿속에는 조금 다른 생각이 비집고 들어오기 시작했답니다.

　Y는 빙그레 웃으며 이렇게 말했습니다.

　"그래. 이렇게 시간을 좀 두고 서두르지 않으면서 세심하게 나를 돌봐주니 참 좋다. 게다가 조금 있다 다시 한번 봐주니까 정말 나를 잘 돌봐주는 것 같다, 싶더라고."

　시계를 들여다보니, 그래봤자 총 기다린 시간은 5분도 채 되지 않더랍니다. 그 짧은 시간 동안 Y의 머릿속에는 이런 복잡한 생각이 왔다 갔다 한 것이죠. Y는 계속해서 말을 이어갔습니다.

　"사실, 스트레스 상담을 하러 오는 분들하고 이야기를 나누면서, 나도 처음에는 긴 시간을 들여 그분들 인생 이야기를 듣고 공감해 보려고 노력하는데 말이야. 두 번째, 세 번째 상담 시간이 되면 그저 지난번에 한 이야기를 점검하고 그냥 들어야 할 이야기만 듣고 빨리 그분들을 돌려 보내려고 하지는 않았나 하는 생각이 들어. 어쩌면 이야기를 나누는 것도 미용실에서 머리를 하는 동안 서비스를 해주는 것처럼 여유를 가지고 다시 한번 들여다보면서 여러 번 다듬어주는 과정과 마찬가지인데, 전문가라는 어쭙잖은 핑계로 마치 다 아는 것처럼 상담을 빨리 끝내려고 하는 건 아니었을까… 하는 마음이 생기더라고."

Y의 이야기는 제게도 생각해 볼 여지를 많이 남겼습니다. 아무래도 정신 건강 전문의나 전문 상담가 들도 다 같은 인간이기 때문에, 삶의 애환과 바쁜 마음에 시달리는 건 모두 마찬가지이니까요. 다시금 저와 제 일을 되돌아볼 수 있었습니다.

직업인들 중에는 소위 '달인'이라 불리는 분들이 있습니다. 긴 시간 땀을 흘리며 한 접시의 음식을 만들어내는 요리사분들, 쇳물을 부어 무쇠솥을 만드는 분들, 나무를 베어 숯을 구워내는 분들… 이들은 딱히 산속에 들어가 수십 년 수행을 하거나 명상을 하지 않았어도 본인의 생업에 집중하면서 마치 도인이 된 것처럼 살아갑니다. 달인이라는 말은 물 흐르듯 익숙하게 일하면서 아주 훌륭한 결과로 사람들을 만족시킨다는 말이죠. 그러기 위해 이분들은 천천히 시간을 두고 다시 한번 결과물을 들여다보면서 다듬고 또 다듬는 일을 합니다.

아마도 그런 과정을 거치면서 달인이 되어가는 모양입니다. 만족스러운 결과가 나올 때까지 조금은 지루하지만, 때로는 영리해 보이지 않고 미련해 보이기까지 하지만, 또 만지고 수정하고 되돌아보고… 그렇게 만들어낸 결과야말로 모두에게 만족을 주는 완벽한 결과물이 되는 것 같습니다.

나는 어떻게 내 일을 하면서, 어떤 태도로 살아가고 있는지 찬찬히 되돌아봐야겠습니다.

우울증이 생기는 이유들

스트레스는 누구나 다 겪는 거라면서 왜 누군가에게는 우울증이 생기는 걸까요? 신경과학자와 정신 건강 의학자는 이에 대한 설명을 유전자에서 시작합니다.

생명체의 유전자는 진화되어 내려오면서 세로토닌이나 글루코코티코이드 호르몬, 아드레날린 등을 코딩하고 필요할 때 몸에서 사용할 수 있도록 해줍니다. 이런 유전자 중에는 평상시엔 조용히 있다가 환경적인 스트레스에 맞닥뜨렸을 때 작동을 시작하는 것들이 있습니다. 가정 폭력이나 성희롱, 불행한 인간관계 혹은 전쟁 같은 것이 바로 환경적 스트레스입니다.

또, 사람들 중에는 타고나길 스트레스에 취약하고 예민한 사람들이 있죠. 남들은 그저 험한 일 당했다, 하룻밤 자고 일어나면 잊힐 거다, 라고 간주하는 일들에 대해 유독 크게 반응하고 심한 우울증에 빠지는 이들입니다. 이런 분들의 유전자 속에 조용히 있던 우울증 유전자는 스트레스를 심하게 받으면 작동을 시작하는 것입니다.[3]

이렇듯 우울증의 원인은 어느 한 가지가 아니라, 생물학과 유전학, 사회학과 심리학을 모두 연결해야만 설명할 수 있는 것입니다.

어쨌든 이런 우울 증상들이 생겨서 직장 생활이나 가정생활을 온전히 유지할 수 없을 정도가 되면 당신은 우울에 빠져 있는 것입니다. 그러면 우울 증상이 있어서 병원에 갈 경우, 정신 건강 전문의와 심리학자 들은 무엇을 하려 할까요?

피곤하고 몸이 아픕니다. 기력도 없고 잠도 안 오고 의욕도 떨어지는 것 같아 동네 의원에 가면 특별한 신체 질환은 없다고 합니다. 단골 의사에게 요새 힘든 이야기를 좀 했더니 아무래도 스트레스 탓일 수 있으니까, 불면증 클리닉이나 정신 건강 의학과에 가보라고 합니다.

일단 클리닉에 가면 면담을 한참 합니다. 어떤 증상이 언제부터 있었는지를 물어봅니다. 부모와 형제, 직장에 대한 이야기도 할 것입니다. 의사는 살아온 이야기를 중심으로 마치 당신의 전기傳記 biography를 한 편 쓰기라도 할 것처럼 이것저것 묻습니다.

이렇게 하는 이유는 첫째, 어떤 증상이 있는지를 파악하면서 정확한 진단이 무엇인지를 가리기 위함입니다. 같은 우울 증상이라도 공황 장애 같은 불안증일 수도, 언젠가 입은 트라우마로 인한 외상 후 스트레스 장애일 수도 있습니다. 특히 조울증에서 발생하는 우울 증상에 항우울제 같은 약을 잘못 쓰면 오히려 악화될 수 있기 때문에 정확한 진단을 내리는 것이 중요합니다. 약물 선택뿐 아니라, 진단에 따라 잘 맞는 심리 치료법 등이 따로 있다는 것도 중요한 점입니다.

그다음으로 중요한 것은 현재 그 증상이 생긴 이유가 무엇인지 가려내는 것입니다. 당신이 지금 겪고 있는 우울 증상이 직장 문제 때문인지, 어린 시절에 받은 학대 때문인지, 아님 낮에 만난 그 인간 때문인지를 가려내는 것이 아주 중요합니다. 물론 이런 일이 한 번 상담한다고 다 해결되는 경우는 드물지만, 첫 단추를 잘 끼우는 것만은 중요합니다. 그 밖에도 현재 삶에 잘 적응하며

알아두기

살고 있는지, 일상의 스트레스에 대한 회복력은 어느 정도인지를 잘 파악해서 당신에게 맞는 적당한 약물과 상담을 시작합니다.

이를 위해 이런저런 설문지를 사용하기도 하고, 혹시 있을지 모르는 뇌 기능 이상을 확인하기 위한 검사들을 하기도 합니다. 성격 검사나 알코올 중독 검사를 하는 경우도 있습니다. 이때 타고난 성격과 오래된 스트레스로 인한 성격의 변화 여부를 확인하는 것이 중요합니다. 오래 마신 술로 인해 뇌 기능이 떨어져 우울증이 된 분도 있고, 반대로 우울증 때문에 알코올 중독이 된 분도 있으니까요. 중년 이상의 분들 중에는 스트레스 속에서 오래 살아오다가 나이가 들면서 건망증을 호소하는 경우도 있어서 종종 건망증 검사까지 하기도 합니다. 치료를 시작한 이후에도 중간중간 증상 평가를 해서 남은 증상이 얼마나 있고, 어떤 면을 강화시켜주는 게 좋을지를 평가하기도 합니다.[4]

상처가 거름이 되려면

상처받을수록
더 강해지는
'외상 후 성장'의 비밀

마른 장작에서
젖은 장작으로

직장이나 학교에는 '마른 장작' 혹은 '젖은 장작'이라고 불리는 이들이 있습니다. 다음의 경우를 볼까요?

같은 프로젝트를 진행하던 N과 O가 조금 실수를 했습니다. 오늘까지 자료를 제출해야 내일부터 회의도 하고 일도 제대로 돌아가는데, 이런저런 이유로 늦어버린 것입니다. 답답했던 팀장은 "에고, 이걸 이렇게 했네…. 쯧쯧"이라고 혼잣말을 했습니다. N은 이 말이 자신을 비난한 거라 느껴져 자책감에 빠진 나머지 다음 날 결근을 해버렸습니다. 그러고는 아무래도 그만두어야 할 것 같다는 겁니다. 팀장은 별 말도 안 했는데 그런다며 황당해합니다. 같은 말을 들은 O는 다음 날 멀쩡히 출근해서 일을 시작하며 미소와 함께 커피 한잔을 권합니다. 어제는 속상해서 한숨도 못 잤는데, 아침에 일어나니 기분이 리셋되었다면서 다시 잘 해보겠다고요.

N과 O는 왜 같은 말을 듣고도 다른 반응을 보였던 것일까요? N은 불이 잘 붙는 '마른 장작' 타입, O는 불이 쉽게 붙지 않는 '젖은 장작'이었던 것입니다.

사실 이 에피소드 속 팀장은 특정인을 비난하려고 한 게 아니라, 일이 잘 풀리지 않아서 걱정이라는 뜻으로 혼잣말을 내뱉은 것일 수 있습니다. 문제는, 이를 그저 '일 처리'에 대한 코멘트로 받아들인 O와 달리 N은 개인적인 비난으로 받아들였다는 것입니다. 이 차이는 어디에서 비롯되는 것일까요?

요즘은 '리질리언스resilience'라는 말을 흔히 사용합니다. 과학 기술 분야에서는 리질리언스, 즉 회복력이라는 말을 '시스템의 내·외부 충격으로 인해 발생하는 불안정성을 극복하여 시스템 기능을 회복하는 능력'이라고 정의합니다. 이는 사회 구조나 경제 시스템, 건물 설계에 이르기까지 모든 부분에 해당되는데, 단순히 피해 발생 이전 상태로의 복귀가 아니라 피해를 반복적으로 발생시키는 구조적 문제를 개선하여 이전과 다른 시스템을 만들어내는 과정을 포괄하는 개념으로 이해하면 될 것 같습니다.[1] 건강 측면에서는 환경이나 생활 속의 각종 스트레스에도 불구하고 질병이 발생하지 않고, 건강한 상태로 돌아가는 능력 정도로 이해됩니다.

정신 건강 측면으로 보면, 천재지변이나 산업 재해, 언어 폭력 같은 트라우마를 입고도 어떤 사람은 적응력이 떨어져 우울증이나 외상 후 스트레스 증상이 생기는 데 반해 어떤 사람은 건강하게 사회생활로 복귀하는 것을 두고, 양자 간의 회복 능력 차이를 설명할 때 쓰는 말이라고 할 수 있습니다. 클리닉에서는 힘껏 당겨진 고무줄이 제자리로 돌아오는 능력에 빗대어 이를 '신경 탄력성' '심리적 회복력'이라고 설명하기도 합니다. 극심한 과로 속에서 심장병이 생기는 사람과 이를 이겨내는 사람이 있는 것도 넓게는 리질리언스의 차이 때문으로 볼 수 있겠습니다.

리질리언스가 사람마다 다른 이유는 공감 능력 떨어지는 사람들이 흔히 말하듯 '마음이 약하거나 강해서'라고 볼 수 없습니다. 리질리언스는 다차원적인 개념으로, 여기에는 인간의 신체적 건

강을 포함해 그 사람의 성격, 성장 배경, 가정 환경 등 사회 환경적 영향이 함께 작용합니다.[2]

수많은 연구들에 의하면 심리적 회복력을 악화시키는 원인으로는 만성 질환, 가난, 부모와 어릴 적부터 떨어져 산 것, 가정 폭력 등에 따라 축적된 스트레스가 대표적이라고 합니다. 흔히 젊고 건강한 성인들보다는 소아나 노인 들의 회복력이 더 낮을 가능성이 크다고 하고요.

독감 등의 감염병이 사회에 유행하기 시작하면 가장 조심해야 할 사람들은 만성 신체 질환을 앓고 있는 분들이나 노인, 아이들입니다. 이분들은 젊은 성인들에 비해 신체 건강이 약해서 바이러스에 저항하는 면역력도 상대적으로 낮기 때문입니다. 마찬가지로, 지진 등의 자연재해나 심리적인 스트레스에 노출되었을 때도 이것을 이겨내는 힘이 약합니다. 아이와 노인 들은 같은 스트레스를 받고도 불안 증상이나 우울 증상이 잘 생깁니다. 그래서 스트레스 클리닉에서도 항상 규칙적인 식사나 걷기 같은 신체적 건강 관리를 가장 먼저 이야기하곤 합니다.

우울증에 잘 걸리는 유전자를 가진 분들도 있습니다. 성격이 지나치게 내성적이어서 사람들과 잘 어울리지 못하고 쉽게 비관적인 성향을 갖게 되는 분들도 있습니다. 이런 분들 중 전화 상담

등의 감정 노동을 하는 분들은 우울 증상이 더 심하게 나타나기도 합니다.[3]

부모와 일찍 떨어져 살았거나 가정 폭력 등에 노출되었던 분들도 회복력이 약할 수 있습니다. 어린 시절의 행복했던 경험, 따뜻한 가정에서 부모에게 마음껏 사랑받았던 경험은 평생 동안 자존감을 지켜주는 역할을 하게 되는데, 이런 경험을 하지 못한 이들의 경우 스트레스 상황에 놓였을 때 쉽게 좌절하고 우울해질 수 있는 것입니다.

만성적인 경제적 어려움을 겪는 분들도 상대적으로 회복력이 떨어지는 경우를 보게 됩니다. 여러 연구에서도 경제적 어려움이 크면 클수록 우울증이나 스트레스 질환에 취약하다는 보고를 하니까요.

그렇다고 어린 시절이 불우했던 이들 모두가 회복력이 낮은 것은 아닙니다. '사회적 자본Social Capital'이라는 것이 있기 때문입니다. 사회적 자본은 '얼마나 친밀한 인간관계를 갖고 있는지' '사회적 상호성(내가 무언가 해준 만큼 사회나 동료도 나에게 줄 것이라는 믿음)이 얼마나 되는지'에 좌우됩니다.[4]

이 사회적 자본이 넉넉한 사람은 비록 경제적으로 좀 어려워지더라도 쉽사리 우울증 등 스트레스 질환에 빠져들지 않는다는 연구 결과도 있습니다.[5] 이에 따라 우울증 클리닉에서는 환자들의 회복력을 평가하는 한편 증진하기 위한 노력을 계속하고 있습니다.

금세 딛고
일어서는 사람들

　어릴 적에는 뚱뚱하고 허약한 체질 때문에 결석도 자주 하고 감기에도 잘 걸리던 사람이 운동을 열심히 하더니 나이를 먹어서는 누구보다도 건강해지는 경우, 주변에서 보신 적 있나요? 반대의 경우도 있습니다. 일반적으로 덩치가 크고 체력이 좋은 사람들은 면역력도 좋은 편입니다. 다 그런 건 아니지만, 만성 질병이 없으면 대개 술에도 잘 안 취하고 감기에도 잘 안 걸립니다. 하지만 이런 사람들도 오랫동안 체력적으로 무리하고 나면 회복력이 떨어지는 게 당연합니다.

타고난 성격이든 혹은 훈련에 의한 것이든 간에 우리의 회복력을 강하게 해주는 요인들도 있습니다. 우수한 문제 해결 능력, 낙관주의, 자기 효능감, 공감 능력, 문제를 받아들이는 수용성 등의 개인적 특징이 그것입니다. 또한, 가족이나 직장, 학교로부터의 지지, 의미 있고 긍정적인 인간관계가 있다면 회복력이 더 좋다고 합니다.

우수한 문제 해결 능력

문제 해결 능력이란 수리 논술이나 과학 탐구처럼 시험 문제를 잘 푸는 능력을 말하는 것이 아닙니다. 일상에서 마주치는 수많은 문제들을 잘 해결해 나가는 융통성 있는 자세, 삶의 태도를 말합니다.

애초 정한 대로 100퍼센트 일을 완성할 수 있다면, 아주 성공적이라고 할 수 있겠죠. 하지만 시험이든 일이든 내가 원하는 대로 되지 않는 경우가 대부분입니다. 인생에 운명이라는 건 없겠지만, '운'이라는 건 있는 것 같습니다. 하라는 대로 열심히 해도 상황에 따라 잘 안 풀릴 때가 있으니까요. 그럴 때에는 "난 안 돼" 하고 좌절하는 것이 아니라, "이번에는 좀 안 되니까 다른 길로 가볼까?" 혹은 "그냥 다음 기회를 노려볼까?" 하면서 방향을 수정

할 수 있는 삶의 태도가 기본입니다.

마치 영화에서 특공대가 작전을 짤 때처럼, 플랜 A가 안 되면 플랜 B로 갈 수 있도록 미리 준비할 수 있어야 합니다. 융통성 있는 문제 해결 능력을 길러봅시다. 그리고 여기서 다시 한번, 그건 '타고난 능력'이 아니라, 내가 마음먹을 수 있는 '삶을 살아가는 태도'라는 걸 잊지 말아야겠습니다.

낙관주의

'낙관주의'는 '낙천주의'와는 다른 말입니다. 영어 단어 '옵티미즘optimism'은 낙관주의와 낙천주의를 모두 의미하긴 하지만요.

'낙천적'의 반대말은 '비관적'입니다. 낙천주의자들은 그저 인생이 다 잘 돌아갈 것이라고 믿습니다. 마치 신이 모든 걸 해결해 줄 것이라 믿으면서 별다른 노력 없이 기다리기만 하는 것과 비슷합니다. 반대 입장에서 생각하면 어차피 해도 안 될 테니, 뭘 해도 소용없을 거라고 믿는 우울증 환자의 생각과도 비슷한 측면이 있습니다. 그런데, 뭘 하지도 않으면서 잘 되는 게 있긴 할까요?

'낙관주의'의 반대말은 '염세주의'입니다. 둘의 차이는 '세상에 대한 기대'입니다. 낙관적인 사람들은 "내가 노력한 만큼 돌아오는 것이 있음"을 믿는 이들입니다. 비록 힘들지만 지금 내가 할 수 있는 것들을 열심히 하면 좋은 결과가 생길 수 있을 거라는, 세상에 대한 믿음이 있는 것입니다.

예전에 들었던 농담 중에서 신에게 복권에 당첨되게 해달라고 빌었다는 노인 이야기가 떠오릅니다. 매일매일 복권에 당첨되게 해달라고 빌던 노인에게 어느 날 밤, 꿈에 신이 나타나 이런 말을 했다고 하죠. "네가 최소한 복권을 사야 당첨을 시켜주든지 말든지 할 거 아니냐"라고요. 어쩌면 낙관주의자의 자세는 예전 우리 선조들이 일단 최선을 다한 후 하늘의 뜻을 기다려 보자던 '진인사대천명'의 태도와도 맞닿아 있는 것 같습니다.

높은 자기 효능감

아기 시절에는 그저 목을 가누고 걷기만 해도, 주변에서 박수를 치고 난리가 났습니다. 아기였던 당신은 그것만으로 으쓱해서 앞으로 살아가는 건 문제도 아니라고 느꼈을 것입니다. 이처럼 '자기 효능감Self-efficacy'이란 학교나 직장, 그 외 어떤 상황에서건 자신이 적절한 행동을 할 수 있을 거라는 기대와 신념을 말합니다.

이런 삶의 태도는 내 능력과 내 삶에 대한 자부심에 달려 있습니다. 자기 효능감이 높은 사람들은 지레 겁을 먹거나 쉽게 포기하지 않습니다. 내가 나를 믿기 때문이죠.

최소한 움직이는 만큼 얻어가는 것이 있다면 내 인생이 그리 나쁜 건 아닙니다. 당신이 하고자 마음만 먹으면 할 수 있는 일들이 많이 있습니다. 어릴 적에는 가족과 선생님이 나를 인정해 주었지만, 이제 당신을 가장 먼저 인정해 줘야 할 사람은 다름 아닌 바로 당신 자신임을 잊지 말아야 합니다.

공감 능력

주변 사람들에 대한 공감 능력이 필요합니다. 오늘 당신에게 잔소리를 좀 한 과장님도 속으로는 몹시 미안해하고 있을지 모릅니다. 어쩌면 부장님한테 혼난 것 때문에 노심초사하고 있을지도, 오늘 아침에 아내와 작은 다툼을 하고 나와 언짢은 것일지도 모르고요. 물론 이게 정말이라면, 과장님은 스스로 감정 조절을 해 당신에게 불똥이 튀지 않도록 했어야 맞습니다. 하지만 그것은 그 과장님이 해결해야 할 자신의 문제일 뿐입니다. 당신이 어떻게 할 수 있는 게 아니죠.

제가 말씀드리고 싶은 것은, 당신이 타인에게 공감하고 싶다면 이런저런 가정을 해볼 필요가 있다는 사실입니다. 아마 과장님이 당신에게 잔소리를 한 건 순전히 업무 때문이었을 수 있습니다. 하지만 단순히 그런 느낌이 아니라 그가 내게 신경질을 부린다거나 화풀이를 하는 것 같단 느낌이 든다면, 이런저런 가정을 해보면서 그의 심정을 인간적으로 이해해 보려고 하거나 그로부터 무언가 타산지석의 교훈을 얻거나 할 수 있을 것입니다.

받아들이는 능력

타인의 요구를 무조건 받아들이라는 것이 아닙니다. 내 능력이 만점은 아니지만, 최소한 직장에서 해야 할 일을 적절히 해결할 정도는 된다는 걸 인정하는 것, 나중에는 나아지겠지만 아직은 일부 업무 처리 기술이 미숙하다는 점을 받아들이는 마음 자세가 중요하다는 것입니다. 좀 더 공부하기로 마음먹었으니, 더 나아질 겁니다. 당연히 기죽을 필요, 없습니다. 이렇듯 나의 단점과 장점을 있는 그대로 받아들이는 것이야말로 회복력 강화의 기본입니다.

가정과 사회에서 받는 지지

내가 이렇게 노력하면서 살고 있는 걸 알아주고 도닥여주는 가족이 있다는 사실은 당신에게 큰 축복입니다. 그런 상황을 누릴 수 없는 사람들도 많으니까요. 엄마가 해주는 밥 먹으려고 일찍 퇴근한다는 딸이 등장하는 라디오 광고에 괜히 코끝이 시큰해지는 분들, 생각보다 많습니다.

가족에게서 지지를 받을 수 없다면, 직장 선배나 동료, 친구들 가운데 유독 나를 이해해 주고 도와주려는 이들이 있어야 합니다. 하지만 그 어떤 곳에서도 지지받지 못하고 있다고 느끼는 분들도 분명 있을 것입니다. 너무 슬퍼하거나 좌절하지 마세요. 지금 당장 너무 힘들다면 우선 나부터 나를 챙기고 지지해 주면 됩니다. 그러고 나서 내가 좋아하는 주변 사람들을 내가 먼저 지지해 주는 겁니다. 지지받는 것도 좋지만, 남을 지지해 주는 것 역시도 자존감을 높이는 데 도움이 됩니다. 또, 힘들 때 해주는 지지는 분명 내게로 돌아오기도 하고요.

긍정적인 인간관계

회복력 좋은 사람들은 인간관계도 좋은 편입니다. 이들에게는 씩씩하고 긍정적인 에너지가 많이 느껴집니다. 다만, 밖에서는 이렇게 밝고 씩씩한 모습을 보이다가도 집에 가면 마음이 착 가라앉아서 외로워진다면 그건 조심해야 할 일입니다.

세상 모든 사람들과 가깝게 지낼 수는 없다는 것, 말로는 잘 알고 있죠? 하지만 머리로는 알아도 이를 내내 가슴에 새기고 생활하는 사람은 없습니다. 그러다 상처받기 십상인데도요. 밖에서 만나는 친구, 동료 들과 그리 가깝지 않다, 나만 너무 겉도는 것 같단 생각에 문득 공허함을 느낀다는 분들이 아마 이런 분들일 겁니다.

그러나 잊지 마세요. 직장과 학교에서 사귀게 된 이들은, 필연적인 만남의 고리인 '그 일'을 함께하기 위해 만난 사람들이라는 것을요. 그 일을 하는 동안 각자 자기 할 일을 잘하는 것이 건강한 관계의 기본 조건이라는 것도요. 그러다 보면 어느 순간 속마음을 털어놔도 될 만큼 친한 사람이 생길 수도 있겠죠. 하지만 그건 부수적인 것입니다.

솔직하게 말할게요.
사람들이 다 나와 같을 거라는 기대는 애초에 하지도 마세요.
기대치를 낮추면 오히려 긍정적인 인간관계를 맺기가
더 쉬워질 겁니다.

3장

외상 후 성장의 비밀

얼마 전, 재미있게 본 드라마가 있습니다. 동명의 웹툰을 극화한 〈이태원 클라쓰〉입니다. 방영 당시 신드롬을 일으켰던 이 작품의 주인공 박새로이(박서준)는 어릴 적 학교 폭력에 연루되어 퇴학을 당하고, 최종 학력 중졸에 전과자가 되었습니다. 아버지를 죽게 만든 원수들에 대한 원한도 깊지만, 그 원한에만 매몰되지 않고 자신의 삶을 열심히 살아가는 캐릭터입니다. 드라마는 오랜 기간 막노동을 하고 원양 어선에서 죽도록 일한 값으로 박새로이가 이태원에서 장사를 시작하며 벌어지는 이야기를 다루고 있는데요, 그의 옆에는 전교 1등 출신의 천재 소녀 이서(김다미)가 지극한 사랑과 재기발랄함으로 그를 지지하고 돕습니다.

직업병 때문일까요. 저는 이 드라마가 '슬픔과 울분 가득한 사람이 그 고통을 에너지 삼아 무언가를 이뤄내는 이야기'로 느껴졌습니다. 이를테면 홍수환 선수의 이야기처럼요. 홍수환 선수는 지구 반대편 파나마까지 가서 세계 챔피언 경기를 벌이다 무려 네 번이나 다운되었지만, 이를 극복하고 KO승을 거두고 돌아온 바 있습니다. 이후 네 번 쓰러져도 다섯 번 일어나는 4전 5기 신화의 주인공으로 엄청난 조명을 받았죠. 그리고 자신만의 그 스토리로 지금껏 힘을 주는 메시지를 전하며 유명 강사로 활발히 활동하고 있습니다.

큰 스트레스나 트라우마 이후에 다시 일어나는 것은 쉽지 않습니다. 크게 낙담한 데다, 슬픔에 빠져 기운을 회복하기도 어렵죠. 주변에서 위로해 주는 사람들이 많이 있더라도, 그때 그 분노와 울분에서 벗어나기 힘든 경우도 많습니다. 그러다 보면 분노 조절이 잘 안 되거나 우울증에 빠지기도 합니다.

그럼에도 불구하고 이를 극복하고 자기 삶을 다시 쓰는 사람들이 있습니다. 이것을 '외상 후 스트레스 장애'에 대응하는 말로

'외상 후 성장Post-traumatic Growth'이라고 부릅니다. 즉, "트라우마에 신체적·심리적으로 대항하여 싸우면서 개인에게 긍정적으로 나타나는 주관적 심리 반응"이라는 말로 정의할 수 있는데요, 죽을 것 같은 심리적 고통에서 벗어나기 위한 과정을 거치면서 인격적으로 성숙해지고 마음이 단단해지는 것, 그런데 그저 이전 수준으로 회복한 것을 넘어 무언가 더욱 좋은 쪽으로 훌쩍 성장한 상태가 되는 것입니다.[6]

일단 이분들은 회복력이 아주 높은 편입니다. 그런 특성을 타고난 사람도 있겠지만, 대부분은 본인의 노력과 마음 수련을 통해 심리적 회복력을 튼튼하게 만든 경우입니다. 삶이 무너질 만큼의 큰일을 겪고 그 일을 잘 견뎌내고 나면, 웬만한 일에는 쉽게 상처 입지 않는다는 거죠.

우울증을 겪고 있거나 트라우마를 입은 분들도 회복력 수준에 따라 외상 후 성장을 하느냐 하지 못하느냐 여부가 결정되는 편입니다. 이에 따라 클리닉에서도 회복력의 수준을 평가하는 경우가 많습니다.[7]

문제 상황이 생기면 뇌 속에서는 생물학적인 변화가 일어납니다. 우울증이나 만성 스트레스 상황에서는 만성 염증 때문에 신경 기능이 떨어지면서 우울 증상이나 불안 증상이 지속되고, 건망증 같은 인지 기능 감소도 일어납니다. 그런데 외상 후 성장 과정을 거치는 사람들은 스트레스에 대항하며 신체 건강과 마음 수련을 하는 과정에서 스트레스 호르몬에 대처하는 능력도 커지고, 트라우마로 인한 신경 염증을 이겨내는 능력까지 발달하게 되어 다른 스트레스에 대한 대처 능력까지 좋아진다고 합니다.

외상 후 성장을 하는 분들의 특징은 이렇습니다.[8]

기존 인간관계를 재구성한 삶

그동안 모르고 지나쳤던 주변 사람들의 장점과 단점을 이해하고 받아들입니다. 실제로, 그 이전까지 같이 지내기는 했지만 잘 모르던 사람들의 특성을 이 기회로 알게 되었다고 말하는 분들이 많습니다. 원래 착한 사람인지 아니면 필요할 때만 내게 잘하며 제 욕심만 채우는 사람인지 말이죠. 이렇게 사람들과의 관계를 한 발자국 떨어져 관조하게 되면서 새롭게 발견하게 된 사실들을 토대로, 기존 인간관계를 재조정하게 되는 것입니다.

삶의 가치 체계와 우선순위 변화

이전에는 무심히 지나가던 삶의 작은 일들에 감사하게 됩니다. '감사'라는 행위는 타인을 포함해 자기 자신까지도 있는 그대로 받아들일 수 있게 해주어, 마음의 상처에 휘둘리는 일을 줄여줍니다. 그래서인지 종교가 있건 없건 영적으로 풍부한 삶으로 나아가게 해주죠. 감사하는 이들은 남들을 의식해 일부러 너그러운 미소를 만들어 보여주는 것이 아니라, 그저 옆에 있기만 해도 성숙함과 편안함, 풍성함을 상대에게 느끼도록 해줍니다. 무엇보다 타인에게 착취적으로 무언가를 요구하기보다는 자기 삶에 충실한 모습을 보입니다.

자아 강도가 높은 편

자신의 살아가는 방식과 이뤄낸 것들에 대한 자부심과 자긍심이 높습니다. 비록 늘 성공하는 것은 아니지만, 이들에게는 실패에 쉽게 좌절하는 않는 내구력이 있습니다. 넘어지더라도 다시 일어서면 된다고 생각하고요.

세상엔 늘 불안정한 측면이 있다는 걸 인정

세상이 항상 합리적이지만은 않다는 걸, 언제나 상황을 낙천적으로 볼 수만은 없다는 걸 인정하고 받아들입니다. 그렇다고 자기 주변 사람들을 무조건 원망하지는 않습니다. 그들에게 당연하다는 듯 도움을 요청하지도 않습니다. 그들 때문에 내가 고생하는 게 아니라는 사실을 인정하고, 내 주변 사람들도 그저 자기 인생을 주어진 대로 살아가는 사람들이라는 사실을 받아들이는 것입니다.

연구에 따르면, '외상 후 성장' 여부는 트라우마가 얼마나 심했는지에 따라 다릅니다. 또한, 종교를 가졌는지 여부, 나이, 교육 수준, 경제적 상태에 따라서도 조금씩 다르다고 합니다.

이처럼 외상 후 성장을 하느냐 혹은 만성적인 스트레스에 갇혀 사느냐는 여러 가지 요인에 좌우되는데요, 사회적 지지나 경제적 지원, 의학적 도움 등 외부적인 요인들은 내가 마음대로 할 수 없는 부분들일 수 있습니다. 유전자나 타고난 체력 같은 것도 내가 어쩔 수 없는 것이니, 있는 그대로 받아들여야겠죠.

내가 조절할 수 없는 것들을 빼고 나면 남는 것은 어쩌면 한 가지인 것 같습니다.

그 고통 속에서 자책하면서 그냥 사시겠습니까,
아니면 현재의 자신을 받아들이고 좀 더 나아지시겠습니까.
결정은 당신에게 달렸습니다.

나를 지키는
용기

학창 시절, 동아리를 같이 했던 친구를 오랜만에 만났습니다. 이런저런 이야기 끝에 집 구하는 문제에 대해 대화를 하다가 친구가 몇 년 전에 전셋집을 넓히려고 집을 구하던 중 아버지와 만났던 이야기를 하더군요. 그 친구의 아버지는 제 친구보다 경제적으로 더 안정된 상태였으니까, 도움을 좀 받고 싶어서 다른 평계로 만났던 것이었겠죠.

그날 저녁, 두 부자는 식사 시간 내내 서로 변죽만 울리고 세상 돌아가는 이야기만 나누다 헤어졌다고 합니다. 아들은 집 구하기가 힘들다는 둥, 요즘 집값이 많이 올랐다는 둥 하며 슬며시 집 이야기를 꺼냈는데 '이렇게 말하면 대충 내 사정을 눈치채고 알아서 도와주시겠지' 하는 마음이었다고 합니다. 이에 아버지는 '요즘 경기가 좋지 않아서 별로 여유가 많지 않다'는 말을 에둘러 하셨답니다.

'제노비스 증후군Genovese Syndrome'이라고 들어보신 적 있나요?

1964년 뉴욕 한 아파트 단지에서 야간 근무를 마치고 돌아가던 키티 제노비스Kitty Genovese라는 여성이 강도에게 살해당하는 일이 있었다고 합니다. 이때 피해자가 30분도 넘게 저항하면서 도움을 요청했는데, 여러 명의 이웃이 이 소리를 듣고 내다보기만 할 뿐 그 누구도 직접적으로 도움을 주지 않았더라는 이야기입니다.

심리학에서는 이것을 '방관자 효과Bystander Effect'라고 부릅니다. 주위에 사람들이 많을수록 책임감이 분산되어 어려움에 처한 사람을 돕지 않게 되는 현상을 뜻하는 말이죠. 그래서 의대에서는 혹시 지하철이나 길거리 등 사람이 많이 모이는 장소에서 누군가가 쓰러져 있는 것을 보면 옆에 사람들이 아무리 많아도 아무나 도움 주기를 기다리지 말고, "거기 파란 옷 입은 아저씨, 경찰에 신고해 주시고, 검정 가방 맨 분은 비상벨을 눌러주세요" 하는 식으로 특정인을 구체적으로 지목해 도움을 요청해야 한다고 가르치고 있습니다. 그 동아리 친구를 만나서 아버지와 대화 나눈 이야기를 듣다 보니, 이 방관자 효과가 문득 떠올라 빙그레 웃었습니다.

인생을 살다 보면 누구에게나 힘들고 견디기 힘든 순간이 찾아옵니다. 생각보다 꽤 자주 찾아옵니다. 그래서인지 우리는 너무 많이 참고 살아가는 것 같습니다. 나는 이제 성인이니까, 어릴 때처럼 나를 돌보아주는 사람도 없고 타인에게 섣불리 도움받기를 기대할 수 없으니까, 혹은 지난번에도 힘들다고 도와달라 했는데 또 말을 꺼내기 민망하니까….

그런데 의외로 주변 친구들이나 이웃들 중에는 선한 마음을 갖고 있어서 누군가에게 도움이 필요할 때 선뜻 손 내밀어줄 사람들이 꽤 많습니다. 아닐 것 같지만, 막상 주변에 도와달라는 말을 꺼내보고 나서 놀라는 분들이 많아요.

그런 이야기들을 듣다 보면, 우리 나라 사람들은 수많은 재난과 위기를 겪으며 나 혼자 생존하는 게 아니라, 같이 생존하기 위해 도움을 나누는 버릇이 무의식에 깊숙이 각인된 것 아닌가 하는 생각이 들 정도입니다. 자신이 어려운 상황이라도 배고픈 사람에게 음식이나 일손을 나누어주고 싶어 하는 따뜻한 마음, 타인의 불행을 선뜻 지나치지 못하는 '긍정적 오지랖' 유전자가 우리 안에 숨어 있는 것 같다고나 할까요?

다만, 배고프다고 울지 않는 사람에게 알아서 도움을 제안할 사람은 많지 않습니다. 당연한 얘기죠. 괜히 먼저 다가갔다가 상대방 자존심을 상하게 하거나 오히려 무안당할 수도 있을 테니까요. 제 아무리 선한 의지로 가득한 사람이라 할지라도, 요청받지도 않은 도움을 주겠다고 자기가 선뜻 먼저 나서는 것은 쉬운 일이 아닌 것 같습니다.

만약 당신이 힘들고 도움이 필요한 상황이라면 꼭 말로 표현해야 합니다. 인생이 너무 고단해서 좀 쉬어가고 싶은데, 하루하루가 바쁘게 돌아가는 이 세상에서는 누구라도 먼저 손 내밀어주기가 쉽지 않다는 걸 명심하세요. 무거운 짐을 양손 가득 안고 사무실에 들어설 때도 좀 받아달라고 하지 않으면, 혼자 낑낑댈 수밖에 없는 것이죠. 정말 눈치 빠르고 사근사근한 동료가 주변에 없다면요.

대부분의 사람들은 말로 직접 듣지 않으면 상대의 마음 상태를 알아채지 못합니다. 클리닉에서 상담을 하다 보면 눈치 빠른

누군가에게 도움을 청하는 것은
'나를 지키는 용기'에서 비롯됩니다.
이것도 우리가 살아가면서 가져야 할 중요한 용기입니다.

부모들은 자식이 지금 무언가 많이 힘들다는 걸 대충 알아차리긴 했으면서도 자식에게 직접 들은 건 아니다 보니 그냥 모르는 척하는 경우가 많습니다. 나중에 자식들이 울면서 이야기하면 "네가 말을 안 해서 몰랐다"고 하는 경우는 아주 흔하고요.

슬프고 지친 마음을 누군가 알아주겠거니, 하고 참다 보면 에너지가 다 소진되기 십상입니다. 그런 감정이 쌓이게 되면 화가 나게 되고, 사람들이 미워지는 경우가 많습니다. 그 화가 나 자신을 향하게 되면 우울증에 빠지거나 심한 자기 비하에서 벗어나지 못할 수도 있고요.

"내가 요즘 많이 지쳤어. 놀러 나가지도 못할 정도야. 그냥 같이 있어줄래?"

"나 요즘 너무 무기력해. 우울증인 것 같은데 병원 좀 같이 가줄 수 있어?"

혼자 참고 이겨낼 수 있으면 그렇게 해보셔도 됩니다. 그러나 도저히 안 될 것 같으면 용기 내어 이 한마디를 꺼내보세요. 지금 내 옆에 있는 사람에게 힘들다고 이야기해 보세요. 옆에 마땅한 사람이 없다면 상담받을 수 있는 곳을 찾아 전화번호를 눌러보는 것도 좋습니다.

누군가에게 도움을 청하는 것은

'나를 지키는 용기'에서 비롯됩니다.

이것도 우리가 살아가면서 가져야 할 중요한 용기입니다.

우울한 친구에게
무슨 말을 해줄까

　얼마 전 저와 함께 일하고 있는 동료 하나가 회의를 마치고 커피를 한잔하면서 친한 친구 때문에 고민이라는 말을 꺼내더군요. 고등학생 시절부터 친하게 지내는 친구 이야기였습니다. 그 친구와는 대학 졸업 후 직장도 서로 멀지 않은 거리에 있어서 몇 년간 함께 살았을 정도로 가까운 사이였는데, 지금은 직장이 멀어져 따로 지내고 있다고요. 그래도 여전히 시간이 맞는 저녁이면 같이 만나 영화도 보고 수시로 수다를 떠는 절친한 사이라고 했습니다.

"이 친구가 몇 달 전부터 말수가 적어지더니, 무슨 일이 있는지 직장을 그만두겠다는 거예요. 회사가 힘들어 그런 거 같길래 퇴사하고 나면 좀 나아지겠거니 했는데, 회사를 그만둔 요즘에도 주말에 전화하면 집에 틀어박혀 있고… 걱정이 돼서 지난 주에 찾아가 봤더니 집안이 엉망이더라고요. 밥도 잘 안 챙겨 먹는 것 같고요."

그는 친구가 너무 걱정이라고 했습니다.

누가 봐도 우울 증상이 심하고, 내 일도 제대로 못할 정도라면 병원을 찾아 전문가와 상담을 시작하는 것이 가장 안전한 방법입니다. 상담 말고도 우울증 약의 도움을 받아야 할 수도 있으니까요. 증상이 심하진 않더라도 요즘은 예전보다 정신 건강 클리닉의 문턱이 낮아져 직장 스트레스나 불안 증상으로도 병원을 찾는 분들이 많긴 합니다. 그래도 사실 정신 건강 전문의를 만나러 간다는 게 아직 그리 쉽지만은 않은 게 사실이죠.

겨우 마음먹고 전문 상담을 받더라도, 혼자 있는 시간이 많은 분들은 우울에서 스스로 빠져나오기가 쉽지 않아 보입니다. 그렇다 보니, 이런 친구나 가족을 두고 있는 분들은 속이 탑니다.

우울해하는 친구나 가족을 위해 우리는 무엇을 할 수 있을까요?

우선 심한 우울증이나 극단적인 선택을 암시하는 신호부터 알아볼게요. 정부에서 지원하고 운영하는 중앙자살예방센터에서는 이런 신호를 잘 정리해서 알려주고 있습니다.[9]

우울할 가능성을 키우는 주변 상황들

직장에서 감정 노동을 하고 있거나, 직장 동료들과 갈등이 있어 스트레스를 많이 받는 분들은 일단 지금 상황이 별로 좋지 않다고 봐야 합니다. 갑자기 아파진 분들도 마찬가지이고요. 예상치 못하게 만성 질환에 걸리거나 암 같은 심한 질병을 진단받았다면, 그 누구라도 우울해질 수밖에 없겠죠.

여기에, 최근 실연을 했거나 가족 중 누군가를 잃었다면 우울해졌다 해도 전혀 이상하지 않아 보입니다. 이런 상황에 놓인 친구가 있다면 조심스럽게 어떻게 지내는지 살펴보아야 하겠습니다.

행동으로 보이는 신호들

친구가 말수가 많이 줄어들었다거나, 멍하니 있을 때가 많아졌다거나, 평소 꾸미기 좋아했는데 심지어 머리도 잘 감지 않을 때, 한발 더 나아가 이미 회사 결근도 여러 번 했다고 할 때 우리는 그 친구의 상태를 걱정해야 합니다.[10]

그렇게 깔끔하고 청소도 잘하고 방도 예쁘게 꾸며가면서 살더니만, 어제 가본 그 친구의 방은 정말이지 엉망이었습니다. 전날 술을 마셨는지 늦은 시간까지 일어나지도 않았고, 싱크대에는 최소한 1주일은 넘게 쌓여 있었을 법한 그릇들이 악취를 풍기며 널부러져 있습니다. 어떻게 된 거냐고 말이라도 걸라치면 전에 없던 짜증을 내기도 합니다. 몸도 여기저기 아프다고 하면서 "죽는 건 어떨까?"라는 섬뜩한 말을 하기도 하네요. 그렇게 이 말 저 말 하다가, 갑자기 TV를 틀고 멍하니 들여다보기만 합니다. 지금까지 제시한 친구의 모든 행동이 바로 우울증의 신호라고 보시면 되겠습니다.

가장 걱정스러운 점은 이런 분들에게 해서는 절대 안 될 말들을 아무렇지 않게 하는 이들이 생각보다 많다는 사실입니다. 흔히, 다소 권위적인 부모나 직장 상사, 군대처럼 씩씩함을 강조하는 조직의 구성원들은 우울하거나 기운 빠져 보이는 동료에게 이런 말들을 합니다.

"너는 그게 모자라서 안 되는 거야."

"조금만 더 기다리다 보면 좋아질 거야."

"그러게, 내가 그때 그러면 안 된다고 했잖아."

이런 말은 듣는 사람을 더 기운 빠지게 하거나 자책감에 휩싸이게 됩니다.

"왜 말을 안 해? 날 무시하는 거야? 도대체 왜 그러는데?"

"내가 한마디 해줄게. 이리 와 봐."

"그래도 이 일 지나고 나면 다음에 더 좋은 일이 있을 거야."

이런 말들은 그저 윗사람 흉내를 내면서 하는 잔소리일 뿐, 한참 힘들어하는 친구를 더 괴롭히고 오히려 화나게 하는 말들입니다. 힘들어하는 당사자가 청하지도 않은 충고를 하는 것은 절대 금물입니다.

우울하거나 기분이 가라앉은 데는 그 사람만의 이유가 있습니다. 그 이유를 말로 표현하기 힘들 것이고요. 그런 점을 잘 알지도 못하면서 우울함의 원인을 그냥 보기 좋게 포장해 근거 없는 희망을 주는 말 역시도 하지 않는게 좋습니다.

그렇다면 우울해하는 사람에게는 어떤 말을 건네는 것이 좋을까요?

"지금 가장 힘든 게 무엇인지 물어봐도 될까?"
"어떻게 하면 내가 너에게 도움이 될 수 있을까?"

사실, 다른 사람 말을 듣고 싶어 하지도 않는 친구에게, 뭔 말을 꺼낸다는 것이 쉽지만은 않은 일입니다. 이럴 때는 무슨 말을 하건 그 친구, 동료에게 전달되어야 하는 속 이야기가 이런 뜻이어야 합니다.

"나는 친구지만, 한 번도 우울증을 겪은 적이 없어서 지금 상황을 잘 이해하기는 어려워. 하지만 난 너의 친한 친구로서 너를 존중하고 네가 말하는 것을 듣고 싶어."

이런 속마음이 전달될 수 있는 말이면 좋겠습니다.

"내가 무엇을 해주면 좋겠니?"
"나도 지금 네가 이러고 있는 것이 화가 나."

"나도 지금 많이 슬프지만, 네가 얼마나 슬플지 짐작도 하기 어려워."

이와 같은 말들도 친구에게 해주기 괜찮은 말들입니다. 중요한 것은, 당신이 힘들어하는 그 친구 옆에 있고, 그 친구의 기분을 살피고 있다는 것을 느끼게 해주는 태도입니다.

그 밖에, 비난하지 않고 친구 잘못이 아니라는 것을 전달해 주는 말들도 좋습니다. 물론 지금 힘들겠지만, 내가 항상 네 옆에 있고 너와 함께 가겠다는 손길을 내미는 말이면 더 좋겠습니다.

아무리 이런 말을 해주는 게 좋다는 걸 알아도 정작 아무 말도 하지 못하게 되는 순간들이 있습니다. 그럴 때는 그냥 옆에서 말 없이 가만히 함께 있어 주는 것도 괜찮습니다. 별 말 없이 함께 밥을 먹고, 영화를 같이 보는 것도 좋은 친구가 할 수 있는 일입니다.

모두와 친하게
지내지 않아도

U는 3년 차 직장인입니다. 계약직으로 다니던 작은 회사를 그만두고 이곳에 온 지 1년도 채 되지 않았습니다. 지금 다니는 곳은 이전 직장에 비해 직원 규모가 열 배 이상이라서 아직 이름도 모르는 동료들이 많습니다. 같은 팀이라 해도 열 명이 넘고 매일 처리할 일거리도 많아서 그런지 개인적인 대화를 나눌 시간이 거의 없습니다.

대학을 졸업하고 계약직으로 직장을 다닐 때만 해도 U의 특기는 '사람 사귀기'였습니다. 천성이 밝고 워낙 잘 웃는 편이라서, 늘 주변에 사람이 많다고 자신했죠. 오죽하면 지난번 직장에서도 잘 웃는다고 별명이 '방글이'였을까요.

그런데, 지금 직장에서는 그게 그렇게 쉽지가 않네요. 팀에서 제일 막내인데 같이 일하는 바로 위의 선배는 U가 일하는 게 마음에 들지 않은 눈치입니다. U가 무슨 말을 해도 도통 웃지 않고, 작업한 것에 대해 지적만 엄청 해대고요. 일을 못하는 것 같아 눈치 보이기도 하지만, 혹시 내가 싫어서 그러는 건 아닌지도 걱정입니다.

대부분의 사람들이 직장 내에서 사람 관계 때문에 이런저런 고민을 합니다.

신입사원 중에는 선배들과 형, 동생처럼 친하게 지내고 싶은데 담배도 안 피우고 술도 잘 못 마시다 보니 자꾸 소외되는 것 같아 걱정이라는 분도 있습니다. 그런가 하면 그냥 딱 선을 긋고 동료나 선배 들과는 회사 안에서 일 얘기만 나누는 관계로 지내고 싶다는 분도 있습니다. 주말에는 혼자 영화를 보든 책을 보든 좀 쉬고 싶은데, 그 시간까지 같이 등산을 다니는 건 딱 질색이라면서요.

팀장은 팀장대로 생각이 많습니다. 팀원들과 가족처럼 지내고 싶긴 한데 그러다 너무 격이 없어져 팀원들이 일 처리를 느슨하게 하면 어쩌나 고민이라는 분이 많습니다. 이와 달리, 본인이 개인주의 성향이 강해 팀원들과 어느 정도 거리를 두며 지내고 싶은데, 너무 회식도 안 하고 정 없게 지내다 보니 팀워크가 부족한 건 아닌가 싶어 고민이라는 분도 봤습니다.

마침, 저는 이런 주제로 크고 작은 강의를 종종 하고 있는데요, 이때 강의 제목을 다음과 같이 잡곤 합니다.

'그 인간 다스리기.'

이 강의에서는 직장 등 주변에서 만날 수 있는 다양한 인간들의 유형과 그들에 대한 대처법을 주요 주제로 다룹니다.

직장에서의 인간관계는 절친한 친구나 형제를 만드는 것이 아닙니다. 당신이 지금 프로페셔널로서 일하고 있는 것이라면 같이 일하는 동료들과의 관계는 가족이나 절친한 친구와의 관계와는 다른 것이 정상입니다.

인생을 같이할 친구라면 나랑 취미도 맞고, 왠지 모르게 마음도 통해야 합니다. 무엇보다 서로가 서로에게 끌려야 하죠. 사람이 끌리지도 않는데 같은 회사에서 계속 볼 사이니까 억지로 친해지려고 노력한다면 그와의 관계는 오히려 오래 지속되기 힘들 겁니다.

일로 만난 사이를 일반적인 인간관계와 비교해선 안 됩니다. 인간적으로 좋아 죽을 정도의 사이는 아니더라도 일은 같이할 수 있는 거잖아요. 상대의 말투나 행동거지가 좀 싫더라도, 그와 연애할 것은 아니잖아요. 어느 정도의 예의를 지키며 일하는 데 방해되지 않는 선에서 그럭저럭 지내는 것도 프로로서, 직장인으로서 지녀야 할 능력입니다.

그 사람과 우호적으로 잘 지내야 하는 이유는 간단합니다. 지금 당신이 하고 있는 일과 당신이 속한 직장이 잘 굴러가도록 해야 하니까요.

물론 그러다가 인간적으로 점점 정이 들면서 더 친해지고 가까워지는 친구도 생길 수 있습니다. 운이 좋다면 평생 함께할 수 있는 절친한 친구를 만나기도 하죠. 저의 경우, 의사라는 특수한 직업(대학 동기들이 졸업 후에도 비슷한 과정을 밟고 같은 직업을 갖게 될 확률이 높다는 점에서) 덕택도 있겠지만, 학교에서 만난 친구와 직장 일을 같이 시작하며 눈이 맞아 부부의 인연까지 맺은 케이스니까요^^

3장

하지만 사회에서 만나는 모든 사람들과 가족처럼 절친한 관계를 맺을 수 있다고 믿는다거나, 그렇게 되기 위해 지칠 정도의 노력을 하진 마세요. 사람과 친하게 지내는 걸 원래 잘하는 이들도 있지만, 그런 사람은 극히 일부에 지나지 않습니다. 내가 그렇지 못한 걸 자책할 필요, 전혀 없어요.

직장을 이끌어 가는 리더도 마찬가지입니다. 본인 마음에 100퍼센트 쏙 드는 사람을 만나기란 불가능에 가까운 법입니다. 리더는 지금 필요한 업무에 잘 적응해 어느 정도 수준으로 일을 해낼 수 있는 사람, 그러면서도 주변 동료들과 지나치게 갈등을 일으키지 않을 사람을 찾아 그들이 자기 역량을 충분히 드러낼 수 있도록 해주는 이들입니다. 만약 부하 직원이 한 80퍼센트 정도의 업무 완성도를 보인다면 그에 맞는 정도의 일을 할 수 있게 배치해 주는 것이 조직의 리더가 해야 할 역할이죠. 부하 직원과 얼마나 가까워야 하나를 고민하는 건 매우 부차적인 일, 어쩌면 필요치 않은 일이라는 것입니다.

당신이 직장에 다니는 목적이 평생을 같이할 친구를 만나는 것인가요, 아니면 회사에서 해야 할 일, 하고자 하는 일을 성공시키고 그에 합당한 보수를 받기 위해서인가요?

답이 자명하다면, 직장 동료란 '같이 일하면서 각자 경제적·심리적으로 만족할 수 있게 협력하는 존재'라는 결론까지 쉽게 도달할 수 있을 것입니다.

부드럽지만
단호하게 하는 말

　많이 힘들고 지쳐 있는 날, 누군가에게 작은 위로라도 받고 싶은 날이 있습니다. 그런데 이런 날에는 왠지 사람들이 단체로 눈치가 사라진 것만 같습니다. 내가 힘든 걸 아무도 알아주지 않습니다.

　오늘 친구들끼리 이야기를 하면서 살짝 기분이 나빴었는데, 그걸 집에 와서 미주알고주알 말하는 건 왠지 좀 싫고, 그렇다고 내가 기분 나쁜 걸 가족이 알아봐 주지 않으면 섭섭하기도 합니다. 가장 가까이 지내는 가족도 내 마음을 알아채지 못하는데, 학교나 직장에서 만나는 이들은 말할 것도 없겠죠. 이럴 때면 어릴 적, 학교 다녀와서 좀 피곤한 표정의 굳은 얼굴만 봐도 엄마가 이내 걱정하면서 무슨 일이 있는 거냐고 물어보던 시절이 그립기도 합니다. 나이를 먹고 나니 내 표정이 어떤지, 내 말투가 어떤지 살펴봐 주는 사람이 도통 없습니다.

간혹 보면 팔자 좋은 친구들은 연애를 하면서도 별 말 없이 표정만으로 연인을 조종한다고 합니다. 그런 건 타고난 재주인가 봅니다(하지만 그런 친구들의 연인은 아마도 상대가 별 말 없이 표정과 제스처만으로 의사를 전달하니, 그 속뜻을 알아내느라 죽을 맛일 겁니다).

타고난 재주, 맞습니다. 인간은 어릴 적부터 얼굴 표정이나 행동으로 본인의 감정을 표현하고, 그 감정을 의사 표현의 한 방법으로 활용해 왔습니다.[11] 갓난아기가 배고프면 울고, 마음에 안 들면 짜증을 내는 것도 이런 방법의 일환이라 하겠습니다. 나이가 먹어 성인이 되고서도 그렇게 살아갈 수 있으면 참 편하고 좋을 것 같은데, 동물이 아닌 인간으로 태어나 성인이 된 세상은 더 이상 그렇지 않습니다. 그 무엇보다 '말'이 중요한 이유입니다.

당신은 오늘 아침 출근 준비를 하면서 동생과 말다툼을 좀 했습니다. 별것도 아니고 화장실 쓰는 순서 때문에 다툰 것이라 어디 이야기하기도 애매하고, 그냥 좀 기분이 안 좋은 상태입니다. 지난 주에는 친구랑 정치 이야기를 하다가 서로 의견이 달라서 말다툼을 하며 어색하게 헤어졌습니다. 그런 와중에 출근하자마자 신입 직원에게 어제 업무 지시를 했는데 결과물이 현저히 부족하다는 걸 발견했습니다.

이때 당신은 과연 그 신입 직원의 업무 처리 때문에만 화가 치밀어오른 걸까요?

어쩌면 그 신입 직원한테는 그 업무에 대한 오류만 단순하게 지적하고 맞는 방향을 가르쳐줄 수 있는 거였는데, 누적된 내 문제 때문에 더 화가 나고 짜증이 솟았던 것 아닐까요? 혹은, 반대로 내 지적에 그 후배가 그리 억울해하던 것은 그 후배에게 무언가 감정적으로 좋지 않은 일이나 사정이 있어서 그랬던 것일 수 있습니다.

이럴 때, 자신의 상태를 제대로 인지하고 추후에라도 상대에게 솔직히 이야기하지 않으면, 서로에 대한 오해가 눈덩이처럼 불어날 것입니다. 괜스레 겸연쩍은 마음에 다음 날 아침 그 후배 자리에 커피를 한잔 갖다 놓는다거나 해도, 상대의 기분은 좀 풀어질지언정 나에 대한 편견('저 사람은 원래 화가 많구나.' '저 사람은 짜증쟁이니까 조심해야지.')은 깨지지 않을 것입니다.

그러니, 꼭 행동 대신 말로 해주세요.

친구들끼리, 부부 사이에도 마음에 맺힌 말이 있다면 행동을 할 것이 아니라, 입으로 말하는 것이 가장 좋습니다. 말을 하지 않아도 내가 좀 삐쳐 있는 걸 알아주겠거니 생각하다 보면, 더 섭섭한 일이 생길 가능성이 크니까요.

대화가 잘 되는 직장은 업무 효율이 높고, 대화가 잘 되는 부부는 서로 애정이 더 깊다고 합니다. 물론 그 대화는 서로에 대한 존중을 바탕으로 한, 솔직한 것이어야 할 것입니다.[12]

> **그렇다면, 구체적으로 어떻게 말해야 할까요?**
> **저는 '부단해야' 한다고 말합니다.**
> **부드럽지만 단호하게 말할 줄 알아야 합니다.**

드라마에 나오는 똑똑한 며느리가 참하고 부드럽게 그러나 조분조분 할 말 다 하는 모습을 상상해 보세요. 당신의 머릿속 이미지는 이렇게 단정하고 차분하게 내 의견을 전달하는 성실한 성인이어야 합니다. 할 말 다 하는 것이 절대 윗사람을 거역하는 것이 아닙니다. 평온한 얼굴로 나의 지금 상태, 일이 진행되는 상황을 편안하게 이야기하는 것이 부단한 대화법입니다.

당신에게는 감정이 늘 흘러가고 있지만, 당신의 말에 그 감정이 실려 있을 필요는 없습니다. 불편하고 화난 감정이 실린 채 말하고 나면 상대방도 그 말의 '내용'보다 그 '느낌'을 먼저 눈치채는 경우가 많기 때문에 서로 손해 보기 십상입니다. 당신은 그 감정을 실시간으로 알고 있기만 하면 되는 것입니다. 이제 당신은 남이 알아주길 기대하는 아이가 아니니까요.

부드럽지만 단호하게, 부단하게 대화하는 연습을 해봅시다.

미래 기억을
단련하는 법

'미래 기억Prospective Memory'이라는 말이 있습니다. 이는 인간의
이마 안쪽에 자리 잡고 있는 전두엽의 실행 기능 중 하나를 말합
니다. 이름은 복잡해 보이지만, 사실 어려운 뜻은 아닙니다. 무언
가 하고자 할 때 앞으로 할 일들을 순서대로 정리해 머릿속에 넣
어 두는 능력을 말하는 것입니다. 성공한 기업의 CEO나 존경받
는 리더들 중 이런 능력이 뛰어난 사람들이 많습니다.

미래 기억의 구체적인 예를 들어볼게요. 자전거를 끌고 한강
변 산책을 준비한다고 상상해 보세요. 운동복 입고, 양말 신고,

손수건을 주머니에 넣고, 자전거 타이어 압력을 체크하고, 한강 변까지 자전거를 끌고 나가는 과정을 미리 상상하고, 그 순서대로 실행하는 것, 이것이 바로 미래 기억입니다. 이는 목욕을 할 때나 오늘 나갈 옷들을 챙겨 입을 때도 모두 작동하는 뇌의 기능입니다. 라면 끓일 때 물 올려놓는 것부터 시작해 파와 계란 넣는 것까지 잊지 않고 수행하는 기본 능력이 미래 기억인 것이죠.

그런데 스트레스가 많은 날, 또는 기분이 무척 나쁜 날, 다른 생각에 골몰해 있거나 왠지 모를 불안한 기운에 시달릴 때가 있습니다. 그런 날에는 앞으로 해야 할 일들을 계획하거나 그 일들에 집중해서 유지해 나가는 능력이 떨어지게 됩니다. 실제 우울 증상에 오래 시달린 분들이 건망증을 호소하는 경우도 많고,[13] 우울 증상이나 스트레스 치료를 잘 받고 나면 건망증 같은 인지 기능의 저하가 나아진다는 연구 결과들도 많습니다. 요즘은 우울증 약 중에도 우울 증상뿐 아니라 건망증에도 좋다는 약들이 나오는 실정이니까요.[14]

인지 기능이란 우리 뇌가 가지는 기능들, 기억력, 언어 능력, 계산 능력, 집중력, 판단 능력 같은 것들을 통틀어 부르는 말인데, 이 중에서 미래 기억 능력이 떨어지면 그것 때문에 더 불안해질 수 있습니다. 혹시 우울 증상 또는 치매로 이어질까 봐 걱정에 시달릴 수도 있습니다. 그렇다 보면 일은 더 안 되고요. '아무래도 나는 이 일이 적성에 맞지 않나 보다' 생각하고 단념해 버리는 거죠.

평상시 편안하고 안정된 마음을 유지하고 사는 사람들은 뇌 기능도 안정되어 있다고 합니다. 이 '기본 뇌 기능Default Network Mode'이 안정되어 있으면, 순간적으로 상황을 판단하고 일을 진행하는 능력도 좋고 스트레스에 대한 저항력도 좋지만, 심한 스트레스를 받으면 기본 뇌 기능이 안정되지 않고 무언가 좀 흥분된 상태에서 제 기능을 다하지 못하게 됩니다.[15] 마치 탁구 선수가 안정적인 준비 자세를 하고 있어야 날아오는 공을 제대로 받아낼 수 있고, 태극권 고수가 아주 편안한 상태로 있어야 상대방의 공격을 되받아 쳐낼 수 있는 것처럼 말이죠.

이를 돕기 위해 클리닉에서는 마음을 다스리고 뇌를 안정시키기 위한 상담을 진행하고, 우울이나 불안 증상에 대한 약뿐만 아니라, 명상이나 인지 치료, 뉴로 피드백 같은 치료들을 처방하기도 합니다. 요즘은 마음과 뇌를 다스리는 각종 디지털 보조도구들도 나오고 있어서 적극적으로 사용해 볼 만합니다.

그 외 클리닉에 가기 전, 당신이 할 수 있는 일은 무엇일까요?

나의 뇌 기능 점검하기

가장 먼저 할 일은 내가 과연 미래 기억을 포함한 뇌 기능이 떨어져 있는지를 잘 생각해 보는 것입니다. 젊은 성인들의 경우, 뇌 기능이 실제로 떨어져 있기보다는 오히려 만성 스트레스나 불안 증상 때문에 제 기능이 안 나오는 경우가 더 많으니까요.

나의 실수 짚어보기

내가 어떤 경우에 미래 기억을 놓치고 있는지, 건망증 때문에 실수를 할 때는 언제인지 잘 생각해 보세요. 혹시 너무 바쁜 날이나 잔소리를 많이 들은 날 실수를 하게 되진 않던가요? 그렇다면 이는 스트레스에 기인했을 가능성이 큽니다.

일정 관리 프로그램 활용하기

좋은 일정 관리 프로그램을 마련해 보세요. 마음에 쏙 드는 다이어리에 해야 할 일을 정리해 놓을 수도 있고, 스마트폰 앱을 이용해 해야 할 일을 일정에 맞춰 정리해 두는 것도 좋은 방법입니다. 굳이 머릿속에 다 넣고 있을 필요 없잖아요. 그러다가 잊어버리기 십상이니까요.

복창하기

혹시 윗사람과 함께 일할 때, 지시받은 걸 잊어버려서 놓치는 경우가 종종 있나요? 그럴 때는 직장 상사나 선배가 말한 내용을 그 자리에서 다시 한번 확인하는 습관을 들여야 합니다. 상대가 한 말을 내 입으로 한 번 더 '복창'함으로써, 나도 상대도 안심할 수 있게 하자는 것이죠.

한 가지 명심할 점은, 특별히 머리 좋은 사람만 일을 잘하는 건 아니라는 것입니다. 무엇보다도 마음을 편안히 유지해야 합니다. 안정된 마음 상태로 일의 순서를 잘 정리해 놓는 습관을 기른다면 당신의 미래 기억 능력은 충분히 탁월해질 수 있습니다.

늘 실패를
계획할 것

우리는 오늘 하루의 할 일뿐 아니라, 자신의 인생 전체를 통틀어 해야 할 일 또한 계획을 세우며 삽니다. 하루하루를 살면서 하고 싶은 일들은 아주 많습니다. 돈도 좀 벌고 싶고, 여행도 가고 싶고, 좋은 사람 만나서 따뜻한 삶도 살고 싶고. 그런데 인생이라는 게 하고 싶은 대로 다 되는 게 아니라는 건 이미 다들 아는 사실이잖아요?

제가 인생이 생각대로 풀리지 않는다고 낙담하는 분들을 만날 때마다 늘 하는 말이 있습니다.

"우리에게는 '하고 싶은' 일들이 많겠지만, 사실 우리는 그날 그날 살아가면서 '할 수 있는' 일들을 하며 살아갈 뿐입니다."

공부를 하건 직장에 다니건, 각자 자기 인생의 목표라든가 바라는 바가 있을 때 우리는 대충이라도 계획을 세우게 되는데요, 이 계획 세우는 단계부터 신경 써야 할 일이 있습니다. 바로 내가 원하는 것만 바라보아서는 안 된다는 것입니다. 그 목표가 이뤄지지 않는다고 해서 죽을 것처럼 생각하진 말라는 것이죠. 성취하고 싶은 마음은 가득하겠지만, 상황이 안 맞거나 그냥 운이 나빠서 실패할 수도 있기 때문입니다.

오직 하나의 목표만을 향해 매진하다 보면 좌절하고 자책하게 됩니다. 슬픔에 빠져 있는 동안 자존감도 더 줄어들 수 있습니다. 내가 기운 없고 늘어져 있으면 친구들도 멀어질 가능성이 크고요. 사람이란 게 누구나 편한 사람들을 만나고 싶어 하는 게 인지상정이니까요.

아예 계획 단계에서부터 실패할 가능성을 고려할 줄 알아야 합니다. 그래야 혹시 그게 어려우면 그다음으로 생각해 둔 플랜 B를 시작할 수 있는 것입니다.

일을 하다 보면 진행을 멈추어야 하거나 방향을 바꾸어야 할 시기가 다가오게 마련입니다. 거듭 말씀드리지만, 인생에서 내 생각대로 움직이는 일은 그리 많지 않습니다. 내 바람과 계획이 그대로 이루어지지 않을 수도 있다는 사실을 늘 가슴속에 담아 두어야겠습니다.

간혹 실패 가능성을 계획하라고 이야기하면, "너무 나약한 생각 아니냐" "그렇게 처음부터 안 된다고 생각하면 경쟁력이 떨어질 수밖에 없다"고 말하는 분들도 있습니다. 전혀 그렇지 않아요. 오히려 낙천적으로 사는 사람들이 끝까지 기대만 하다 끝날 가능성이 크죠. 무조건적인 긍정을 하고 무조건적인 성공을 바라고 한 우물만 파다가 원하는 대로 되지 않았을 때는 한없는 좌절에 빠져버리는 겁니다.

물론 한 우물만 파서 성공했다고 하는 사람들도 더러 있긴 합니다. 그러나 주변을 살펴보세요. 플랜 B 없이 '이거 아님 망한다'는 극단적인 생각으로 스스로를 몰아붙여 성공에 도달하는 사람은 턱없이 적습니다. 분명 운도 크게 작용하는 것이고요. 된다, 안 된다를 처음부터 예측할 수도 없습니다. 이런 극소수의 성공 사례보다는 좀 더 보편적인 성공 경로에 대해 말씀드리고 싶은 거예요.

선택할 수 있는 인생의 옵션을 다양하게 준비해 두고 상황에 따라 방향과 목적을 전환할 줄 아는 능력, 저는 이것이 삶의 긍정성을 유지하고 실패 없이 살아가기 위한 가장 좋은 방법이라고 믿습니다. 열심히 노력해도 원하는 바를 이루지 못할 수 있고, 때로는 지금의 실패로 인해 더 좋은 길이 열릴 수도 있다는 것을 꼭 기억하셨으면 합니다.

**적절한 현실 감각을 가지고 살아가는 당신이
더 합리적이고 긍정적인 사람입니다.**

마음에게도
헬스 트레이너가 필요해

요즘엔 다이어트나 운동을 통해 건강한 몸을 만들고 유지하는 것이 일상이 되었습니다. 마음 다스리는 것만큼 중요한 것이 신체적 건강을 유지하는 것이니까요.

운동을 하려고 하면 정말 다양한 방법이 있습니다. 방에 매트를 깔고 인터넷 동영상을 보며 홈트레이닝을 할 수도 있고, 집 근처 공원이나 등산로를 찾아 열심히 걷거나 뛸 수도 있습니다. 그러다 운동법을 잘 모르겠거나 본격적으로 몸을 만들려고 하면 피트니스 클럽에 가서 개인 코치에게 운동을 배우는 게 일반적이죠. 코치들은 정해진 시간 동안 '살을 빼고 싶다' 혹은 '근육을 만들고 싶다' 등 내가 원하는 것이 무엇인지 듣고 그에 맞춰 운동법을 알려줄 뿐 아니라, 마치 훈련소 조교처럼 나를 단련해 주는 역할을 합니다.

마음 훈련도 비슷합니다. 흔히 스트레스 같은 마음의 문제는 스스로 알아서 해결해야 할 일이고, 이를 타인에게 드러내는 건 마음 약한 인간들이나 하는 짓이라고 간주되던 때도 있긴 했습니다. 이제는 그런 인식이 많이 개선된 듯 보여 다행입니다.

사람은 누구나 자기 회복력과 심리적인 성찰 능력을 가지고 있습니다. 계절성 감기 기운이나 몸살 증세가 있을 때, 특별히 진료를 받거나 약을 먹지 않아도 좀 쉬거나 마사지를 받거나 따뜻한 물에 샤워를 하고 나면 나아지는 경험을 많이 해보셨을 겁니다. 일상에서 스트레스를 받거나 기분이 가라앉았을 때도 마찬가지입니다.

> 그동안 못 잔 잠을 충분히 자며 과로에 지친 몸을 쉬게 하고,
> 친구와 만나 편안한 대화를 나누며 기력을 회복하는 것.
> 그동안 못 봤던 영화나 책을 보며 마음을 편안히 하고,
> 산책을 하며 내 마음을 토닥거려주는 것.

이런 일들을 하다 보면, 마음의 컨디션도 차차 회복되곤 합니다. 이를 '심리적 회복'이라고 합니다.

하지만 그 상처 입은 정도가 심하거나 또는 너무 오래돼서 일상 생활을 하면서도 계속 생각 날 정도가 되면 문제입니다. 과거의 일 때문에 내가 평소 하던 일을 제대로 하지 못할 정도가 되었다는 건 그 아픔 묻은 기억이 내 인생을 지배하고 있다는 이야기이니까요. 그것이 바로 트라우마겠죠.

마음이 좀 힘들다고 해서 무조건 상담 전문가나 정신 건강 전문의를 찾아가라는 것이 아닙니다. 회사 운영자가 사업에 지속적인 문제가 발견될 때 비즈니스 컨설팅을 받는 것처럼, 당신의 마음도 도저히 혼자 어떻게 고치지 못할 것 같을 때는 컨설팅을 받아보라는 것입니다.

자신의 마음을 잘 살펴보세요. 마음이 오래 힘들거나 스스로 이런저런 노력을 하는데도 마음 컨디션이 좋지 않은 상태로 오래도록 지속되고 있진 않나요? 남들 보기엔 별 문제 없이 살아가는 것 같은 당신이지만, 왠지 모르게 욱할 때가 많아지고 예민해지는 순간이 잦아지고 자꾸 기분이 가라앉거나 도통 일이 잘 진행되지 않아 괴롭다면 이때가 바로 저 같은 사람들을 한번 만나야 하는 순간입니다.

임상에서 많은 분들을 만나는 심리학자나 정신 건강 전문의들은 당신의 모든 것을 정신적인 문제로 바라보거나 무조건 진단부터 내리려고 하지 않습니다. 또한 모든 환자들에게 약물을 처방하려고 하지도 않고요. 간혹 "병원에 가면 의사들은 약만 쓴다"거나 "지금 내 괴로움을 정신적인 질병으로만 본다"고 이야기하는 분들이 있다면, 아마도 이분은 클리닉에 가본 적이 없거나 그냥 편견이 좀 있을 가능성이 큽니다.

그래도 망설여진다면 '마인드 코칭Mind Coaching'을 받으러 간다고 생각해 보시면 어떨까요? 실제로 제 클리닉을 찾는 분들 중에는 몇 달 혹은 1년에 한 번 정도 들러서 그동안 어떻게 지냈는지에 대해 저와 대화를 나누며 마음 컨디션을 체크하는 분들이 여럿 있습니다.

이분들처럼 당신도 과연 스스로 마음 경영을 잘하고 있는지, 마음 컨디션을 잘 유지하고 있는지 가끔씩이라도 점검을 해보셨으면 합니다. 건강 검진을 정기적으로 받는 것처럼요.

스마트한
마음 건강 관리법

요즘은 '디지털 치료제Digital Therapeutics'라고 해서, 약이나 상담
뿐 아니라 스트레스나 우울한 마음을 다스리는 데 도움을 주는
스마트 헬스 기기들이 많이 나오고 있습니다. 그중 좋다는 말만
있는 것들 말고, 연구 근거를 가지고 제대로 된 임상 시험도 수행
한 도구들을 잘 찾아 활용해 보셨으면 합니다.

마음 일기 쓰기

학창 시절, 나만의 다이어리에 시시콜콜한 이야기들을 끄적이

던 것처럼 일상에서 일어나는 일들을 매일매일 적어 보세요. 글을 잘 쓰지 못해도 괜찮습니다. 그저 간단하게 그날 일어난 일과 그당시 느낀 내 감정을 일기 쓰듯이 적어보는 것으로 충분합니다. 마치 내 감정에 라벨을 하나 붙이듯이 하는 겁니다. 예를 하나 들어볼까요?

오늘 방금 그 선배한테 일 처리가 미흡하다고 잔소리를 들었다.
기분 참담했다. 자존심도 상하고⋯.
생각 뭐, 그 선배도 처음엔 잘 못했을 텐데⋯ 내가 싫은 게 아니라 일을 더 잘하게 하려고 한 것이라 생각하자.

편안한 음악 듣기

마음을 좀 쉬게 하고 싶을 때에는 좋아하는 음악을 들어봅니다. 저 같은 경우 음악보다는 빗소리나 계곡의 물소리를 좋아해서 이를 찾아 듣곤 합니다. 특별히 선호하는 게 없다면, 유튜브나 스마트폰 어플리케이션 중 이런 릴렉스를 위한 음악들을 잘 선별해 제공해 주는 곳이 있으니 이를 활용해 보세요. 음악이 기분에 미치는 영향은 생각보다 무척 큽니다. 그러니, 나에게 맞는 편안한 음악을 찾아보세요.

호흡 훈련하기

요즘은 굳이 명상 센터를 다니지 않아도 시키는 대로 따라 하기만 하면 저절로 호흡 조절과 명상을 할 수 있게 돕는 온라인 콘텐츠들이 많습니다. 호흡 조절은 지난 수천 년 동안 마음 다스림을 위해 다양한 종교인들이 수행해 온 방법인데, 실제 생리학적으로도 호흡 조절이 마음의 안정과 불안 감소, 작업 능률 향상에 도움이 된다고 알려져 있습니다. 유튜브에서 검색을 해보면, 수십 년간 명상을 해온 분들이 운영하는 채널이 꽤 있습니다. 이런 것들을 보면서 가볍게 따라 해보시기 바랍니다.

긴장 이완법 배우기

낮 시간 동안 집중 상태로 열심히 일하다 보면 퇴근 이후 잘 시간이 되었는데도 긴장이 풀리지 않는 경우가 있습니다. 그럴 땐 TV 채널을 하염없이 돌리거나 술이라도 한잔하면서 마음을 누그러뜨리려 하곤 하죠. 이보다 의학적으로 인정받은 대표적인 긴장 이완법으로 '점진적 근육 이완법Progressive Relaxation Method'을 추천합니다. 머리끝부터 발끝까지 온몸의 근육들을 하나하나 힘을 줬다 풀어주면서 신체적인 긴장을 떨어뜨리고, 그에 따라 마음의 긴장도 가라앉히는 방법입니다.

이 책 말미에 제가 사용하는 긴장 이완법을 간단히 소개해 드리려고 합니다. 한번 보시고, 잘 모르겠으면 제 목소리로 녹음된 긴장 이완법을 들어보셔도 좋겠습니다. 책에 실린 내용을 자신의 목소리로 녹음해서 자기 전에 틀어놓고 긴장을 이완해 보는 것도 좋은 방법입니다.

우울 증상의
치료법들

우울 증상의 치료법으로 가장 널리 알려진 것은 약물 치료죠. 흔히 '항우울제'라 불리는, 뇌 속 행복 호르몬인 세로토닌이나 도파민, 노르에피네프린 농도를 조절해 주는 약물을 이용한 치료입니다. 현재까지 나온 치료법 가운데 가장 많은 연구가 되어 있어서 그 효과를 믿을 수 있는, 가장 안정적이고 가장 과학적인 치료법이라 할 수 있습니다. 그래서 흔히 우울 감정이나 심한 통증, 불면증 혹은 심한 불안 증상이 있는 경우, 의사들이 제일 처음 권하는 방법이죠.

약이라는 게 모든 걸 해결해 주지는 않습니다. 하지만 너무 심한 증상이 있어서 미처 나 스스로 내면을 들여다볼 여유조차 없을 때, 약은 급한 불을 빨리 꺼주는 역할을 해줍니다. 우울증 치료를 긴 마라톤에 비교한다면, 항우울제는 초창기 몇십 킬로미터의 고생 길을 단축해 주는 서비스를 한다고 하겠습니다.

물론 모든 약이 다 나에게 맞는 것은 아니기에, 전문의와 상담을 하면서 본인에게 가장 효과적인 약을 처방받아야 합니다. 정밀 의학이 발전하고 있는 요즘은 아예 유전자 분석을 먼저 해서 부작용이 적으면서 더 효과 좋은 약을 선택하는 검사를 하는 경우도 있습니다.[16]

약물 말고도 광 치료, 자기장 치료, 전기 치료처럼 뇌 신경 자체를 자극해 주는 치료법도 있으니까 증상과 상황에 따라 본인에게 알맞는 치료법을 찾으시기 바랍니다. 음악 치료나 독서 치료, 운동 요법 같은 것들도 우울 증상을 완화해 주는 보조적인 역할을 할 수 있습니다.

심리적 치료들도 이를 적용하고 개발한 심리학자들에 따라 아주 다양한 이름을 가지고 있습니다. '인지 행동 치료'는 우울함을 만드는 내 마음의 오류를 파악하고, 이것을 수정해 나가는 마음 훈련법입니다. '대인관계 치료'는 특히 인간관계에서 받은 문제들에 집중해 심리적인 문제를 해결하고 적응하도록 도와줍니다. '문제 해결 치료'라고 해서 현재 당신이 겪고 있는 문제에 집중해 상담을 진행하는 경우도 많습니다. 정신 건강 전문의나 심리학자 중에는 마치 헬스 클럽 트레이너처럼 인지 행동 치료나 문제 해결 과정을 도와주는 전문가들도 있습니다. 경우에 따라, 정신 분석학자 지그문트 프로이트Sigmund Freud나 칼 구스타브 융 Carl Gustav Jung 등이 하던 것 같은 정신 분석을 통해 아예 당신의 인생 전체를 해부하고 분석해 보는 과정을 겪을 수도 있습니다.

하지만 일상에서 만나는 많은 이들은 굳이 '○○ 치료'라는 말이 붙은 전문적인 치료를 받지 않아도, 그저 내 이야기를 같이 나눌 수만 있어도, 마음의 위안을 얻고 본인 스스로 내일을 향한 에너지를 충전해 가기도 합니다. 이 과정을 통해 우리가 이루고자 하는 것은 무엇일까요?

할 수만 있다면 우울증 증상들을 모두 없애는 것이 최선입니다. 피로감이나 건망증, 불면증, 불안증 같은 일부 증상이 찌꺼기처럼 남아 있으면 그 때문에 병원도 오래 다닐 수밖에 없어 일상으로의 복귀가 어려워지기 때문입니다. 이상적인 우울증 치료를 받는다면 우울 증상은 완벽하게 사라지고, 학교와 직장에 그대로 복귀해 사람들과도 내 마음 편한 인간관계를 유지할 수 있게 될 것입니다. 이제 더는 상처 입지 않는 거죠. 그 정도까지는 아니더라도 수시로 내 마음을 들여다보면서 지금 불안한 건 아닌지, 억지로 견디는 건 아닌지 성찰하고 스스로 하자 보수를 할 수 있다면, 가장 완벽한 힐링 상태일 것입니다.

요즘은 주변에 상담을 통해 마음을 다스려 준다는 분들이 정신 건강 전문의 말고도 아주 많습니다. 하지만 그분들이 다 일정한 훈련이나 전문성을 가진 것은 아니기 때문에 세심하게 치료자를 선택하셔야 합니다. 저라면 수십만 원 치료비를 내고 나중에 후회하기보다는 처음에 문제를 찾아내는 단계에서 좀 더 조심스럽게 나와 궁합 맞는, 믿을 수 있는 치료자를 찾으려 애쓸 것 같습니다. 혹시 나만 믿으면 다 해결해 주겠다는 상담가가 있다면 그 사람은 멀리하시기 바랍니다.

약물을 처방받고 심리 치료를 받더라도 결국 인생을 돌아보고 내 마음을 바로 세우는 사람은 나 자신입니다. 그 밖의 것들은 내일을 살아가는 나를 도와줄 뿐입니다.

무조건 당신 편

클리닉에서 많은 이들을 만나면서, 저는 늘 그분들의 말을 잘 듣는 연습을 합니다. 그분이 말하고 있는 내용의 진실 여부를 따지려고 하지는 않습니다. 누군가와 싸우고 갈등에 빠진 이야기라 하더라도, 그 이야기의 세부적인 내용은 말하는 사람의 입장에 따라 조금씩 다 다르니까요. 어린 시절의 이야기들도 그렇습니다. 과거의 기억은 변하지 않을 것 같지만, 알고 보면 지금의 상황과 지금의 내 감정 상태에 따라 다르게 해석되게 마련이죠.

정신 건강 전문의들은 그래서 이야기의 내용보다는 그 이야기에 묻어 있는 내담자들의 감정이 무엇이었을까에 더 집중합니다.

대화를 나누다 보면 그 기억에 묻어 있는 아픈 감정이 옅어지거나 새롭게 해석되는 경우도 있습니다.

하지만 무엇보다 내 안의 상처는 내가 보듬고 가는 것이라는 점을 잊지 않으셨으면 합니다. 물론 저 같은 사람이 옆에서 돕겠지만, 내 인생의 깊은 상처에 살을 돋게 만들어 더욱 나를 성장하게 만드는 것은 결국 나 자신이니까요. 그렇게 되기까지,

저는 무조건 당신의 편에 서겠습니다.
당신도 무조건 당신 편에 서기로 결심하셨으면 합니다.

주

1장_ 벼랑 끝에 놓인 마음

1. J. Clare Wilson & Caroline Strevens, Perceptions of psychological well-being in UK law academics, *The Law Teacher*, 52:3, 335-349, DOI: 10.1080/03069400.2018.14 68004(2018).

2. '신경성' '외향성' '친화성' '성실성' '경험에 대한 개방성' 등을 '다섯 가지 성격 특성 요소Big5 personality traits'라고 부른다.

3. 한창수 등, Validation of the Patient Health Questionnaire-9(PHQ-9) Korean version in the Elderly Population: the AGE study, *Comprehensive Psychiatry*, 49:218-223(2008).

   윤서영 · 한창수 등, Usefulness of PHQ-9 among medical students, *Academic Psychiatry*, 38(6):661-7(2014).

   이승현 · 한창수 등, Optimal Cut Off Points of the PHQ-9, *J of Kor Soc for Dep and Bip Disorders*, 12:32-36(2014).

4. 신철민 · 한창수 등, Prevalence and Associated Factors of Depression in General Population of Korea: Results from the Korea National Health and Nutrition Examination Survey, 2014, *J Korean Med Sci.*, Nov;32(11):1861-1869(2017).

2장_ 무한한 지지를 당신에게

1. Irving, P. & Dickson, D., "Empathy: towards a conceptual framework for health professionals", *International Journal of Health Care Quality Assurance* **Vol. 17**, No. 4, pp. 212-220(2004).

2. Diana Baumrind, Effects of Authoritative Parental Control on Child Behavior, *Child Development* **Vol. 37**, No. 4(Dec., 1966), pp. 887-907.

3. 이런 현상을 '후성유전학Epigenetics'이라고 부릅니다.

4. 윤서영·임재형·한창수, 효과적인 우울증 치료를 위한 임상평가도구, 〈대한 정신약물학회지〉, 23:136-146(2012).

3장_ 상처가 거름이 되려면

1. 서지영·조규진. 회복력Resilience 향상을 위한 정책방향과 이슈. *STEPI Insight*, 147, 과학기술정책연구원(2014).

2. 이경희·이소우, Resilience(회복력) 개념분석, 〈스트레스 연구〉, 13: 9-18 (2005).

3. 한규만·한창수 등, Emotional labor and depressive mood in service and sales workers: Interactions with gender and job autonomy, *Psychiatry Research*, 267:490-498(2018).

4. 사회적 자본Social Capital은 '친밀한 인간관계Intimate Relationship'와 '상호성Reciprocity' 을 말한다.

5. 한규만·한창수 등, Social capital, socioeconomic status, and depression in community-living elderly, *Journal of Psychiatric research*, 98:133-140(2018).

6. 전상원·한창수 등, 외상 후 성장의 개념과 신경생물학, 〈대한정신약물학회 지〉, 26(1):1-9(2015).

7. 전상원·한창수 등, 외상 후 성장 및 리질리언스 평가와 임상적 의의, 〈대한 신경정신의학회지〉, 54(1):32-39(2015).

8. Calhoun LN, Tedeschi RG., Handbook of posttraumatic growth: Research and practice, *Psychology Press*, Talor & Francis Group, New York and London(2014).

9. 중앙자살예방센터 네이버포스트(https://post.naver.com/spcpr17).

10. 신철민·한창수 등, Sickness absence indicating depressive symptoms of working population in South Korea, *Journal of Affective Disorders*, 227:443-449(2018).

11. Carlos Crivelli Alan J. Fridlund, Facial Displays Are Tools for Social Influence, *Trends in Cognitive Sciences*, 22(5) :388-399(2018).

12. 박재연,《말이 통해야 일이 통한다》, 비전과리더십(2018).

13. 동현석·한창수·전상원·정현강·허유정·배지은·Ashwin A. Patkar·David C. Steffens, Characteristics of neurocognitive functions in mild cognitive impairment with depression, *International Psychogeriatrics*; 28(7):1181-1190(2016).

14. 윤서영·신철민·한창수, Depression and Cognitive Function in Mild Cognitive Impairment: A 1-Year Follow-Up Study. *Journal of Geriatric Psychiatry and Neurology*, .0(5):280-288(2017).

15. Wei Zhang, et al. Acute stress alters the 'default' brain processing, *NeuroImage*, 189:870-877(2019).

16. 국내에서도 이미 유전자 칩을 이용한 검사를 통해 약물을 선택하는 검사를 병원에서 하고 있다. 한창수 등, Pharmacogenomic-based Antidepressant Treatment for Patients with Major Depressive Disorder: Results from an 8-week, Randomized, Single-blinded Clinical Trial, *Clin Psychopharmacol Neurosci.*, Nov 30;16(4):469-480(2018).

점진적 긴장 이완법*

마음을 편안하게 해주는 음악을 조용히 틀고 시작해 보세요.

안녕하십니까?

오늘은 근육의 긴장을 풀어주는 운동법을 연습할 것입니다.

심리적으로 스트레스를 받고 있을 때는 신체적으로도 편안함

을 느낄 수 없습니다.

---

* 점진적 긴장 이완법을 저자의 목소리로 직접 듣고 싶으시면
우측 QR 코드를 찍어 보세요.

신체의 근육들을 점진적으로 이완시키면 맥박과 혈압이 느려지고, 호흡 수도 감소되며 땀도 덜 납니다. 몸 전체의 긴장을 한꺼번에 풀기 전에 머리끝에서 발끝까지 차례차례 힘을 주었다가 긴장을 풀어주는 연습을 하는 것입니다. 이것을 '점진적 긴장 이완법'이라고 부릅니다. 점진적 긴장 이완법을 잘만 익히면 훌륭한 불안증 치료제로 활용할 수 있습니다.

방법은 아주 쉽습니다. 하루에 두 번씩 각각 15분간 연습을 한다면, 1, 2주 이내에 익숙해질 수 있을 것입니다. 나만의 긴장 푸는 훈련법을 익히시길 바랍니다.

점진적 긴장 이완법은 눕거나 의자에 앉아 연습할 수 있습니다. 개개의 근육이나 근육군을 5~7초 동안 긴장시켰다가 다음 20~30초 동안 이완을 느끼게 해주는 것입니다. 이 과정은 최소한 번 이상 반복되어야 합니다. 만약 특정 근육이 잘 이완되지 않으면, 그 부분을 긴장했다 이완하는 과정을 다섯 번까지 반복할 수 있습니다.

먼저, 방해받지 않는 조용하고 편안한 방에서 편안한 자세를 취합니다.

신발을 벗거나 옷을 약간 헐겁게 해도 좋습니다.

자, 천천히, 심호흡을 몇 번 하면서 이완의 과정을 시작합니다.

숨을 천천히 쉬세요. 하나, 둘, 셋, 넷, 내쉬고….

(음악을 들으며 30초 가량 쉰다)

자, 이제 몸의 다른 부분은 편안한 상태로 두고서 주먹을 쥐고 뒤쪽으로 구부립니다. 점점 더 세게… 주먹과 팔 근육의 긴장감을 느껴보세요….

이제 힘을 빼고… 손과 팔의 편안함을 느껴보세요….

힘을 주고 있을 때와는 느낌이 다른, 이 편안함을 기억하세요 (시간이 있으면, 적어도 한 번 이상 반복하세요).

자, 이제 팔을 구부리고 이두박근을 긴장시키세요…. 할 수 있는 만큼 힘을 주고서 그 뻑뻑함을 느껴보세요….

이제 손을 떨어뜨리고 긴장을 푸세요…. 이 차이를 느껴보세요….

다음엔 머리에 집중하실 차례입니다.

할 수 있는 만큼 힘껏 이마에 주름을 잡으세요…. 이마와 머릿가죽의 긴장을 느껴보세요….

이제 긴장을 풀고 편안해지세요….

당신의 이마와 머릿가죽이 모두 부드럽고 편안해집니다….

이제 인상을 있는 힘껏 쓰면서 앞머리 전체가 조여들게 합니다…. 그만…. 눈썹 부분까지 편안해집니다….

(음악)

눈을 꼭 감으세요…. 더 세게…. 힘을 빼세요. 편안하게 눈을 감고 계세요….

이번에는 입을 크게 벌려서 턱 부위가 긴장되게 하세요…. 긴장을 푸세요…. 턱의 긴장이 풀어질 때는 입술이 약간 벌어져 있을 겁니다.

긴장했을 때와 이완되었을 때의 느낌을 기억하세요….

자, 이제 혀를 입천장에 대고 힘껏 미세요.

혀뿌리 부분이 아파질 겁니다…. 힘을 빼세요…. 이제 입술 차례입니다.

입술을 죽 내밀어 동그랗게 만들도록 힘을 주세요…. 힘 빼시고… 당신 이마와 두피, 눈, 턱, 혀와 입술 부위에 편안함을 느껴보세요…. 점점 더 편안해집니다….

머리를 천천히 돌리면서 긴장되어 있는 부위가 어디인가를 확인하세요…. 천천히 반대쪽으로 머리를 돌리세요. 긴장을 푸세요…. 머리를 편안하게 제자리에 놓으세요….

이제, 어깨를 움츠리세요. 어깨가 귀에 닿도록 힘을 주는 겁니다…. 그 상태로 멈추세요…. 힘을 빼시고… 목에서 어깨를 거쳐 편안함이 퍼져나가는 것을 기억하세요… 점점… 더… 편안해집니다….

이제 숨을 깊게 들이마셔서 폐를 모두 부풀도록 하세요. 숨을 멈추세요. 이 긴장감을 느껴보세요…. 이제 숨을 내쉬면서 가슴 부위의 편안함을 느껴보세요…. 편안함을 계속 유지하면서 숨을 편안하고 자연스럽게 쉬세요…. 숨을 내쉴 때마다 당신 근육의 긴장감이 빠져나갑니다….

다음엔 배에 있는 힘껏 힘을 주고는 그대로 멈추세요. 그 긴장을 느끼세요. 힘을 빼시고… 이제 손을 배 위에 올려놓으세요. 배로 숨을 깊게 들이마십니다. 멈추세요…. 힘을 빼세요…. 공기가 들어왔다가 나갈 때의 그 편안함을 기억하세요…. 편안하게 숨을 쉬세요.

이제, 등을 뒤로 젖히세요. 너무 힘을 주지는 마세요. 몸의 다른 곳에는 되도록 힘을 주지 마시고 허리 부위에 집중하세요…. 이제 힘을 빼시고… 긴장이 녹아서 빠져나갑니다….

엉덩이와 허벅지에 힘을 주세요…. 힘을 빼시고 그 차이점을 기억하세요…. 이제 발을 쭉 펴고 발가락을 아래쪽으로 구부리면서 힘을 주세요. 긴장감을 느껴보세요…. 힘을 빼세요…. 발을 쭉 펴고 이번에는 발가락을 얼굴쪽으로 구부려서 힘을 주세요…. 힘을 빼세요.

숨을 천천히, 깊게 쉬면서… 온화하고 깊은 이완감이 무겁게, 당신의 몸 전체에 느껴집니다….

몸을 훑어내리면서 남아 있는 작은 긴장감이라도 모두 내보내세요.

점점 더 편안해집니다.

발의 긴장을 푸세요….

발목의 힘을 빼세요….

종아리의 힘을 빼세요….

무릎의 긴장을 푸세요….

허벅지의 긴장을 푸세요….

엉덩이의 긴장을 푸세요….

이완감이 배를 지나… 허리를 지나… 가슴으로 퍼져나갑니다…. 점점 더… 깊게… 어깨와 팔과, 손의 깊은 편안함을 느껴보세요…. 점점 더… 깊게….

목 주위의 편안함을 기억하세요…. 턱과 당신의 얼굴… 두피의 편안함을 기억하세요…. 계속해서 숨을 천천히, 깊게 쉬세요.

당신의 몸은 모두가 편안하게 늘어져서 조용하고 고요하게 이완
되어 있습니다.

　　편안하게 쉬면서 지금의 편안함을 만끽하시고, 새롭게 일을
시작하세요.
　　하루에 한두 번씩 연습을 하면 더욱 쉽게 긴장 이완법을 익힐
수 있을 것입니다.

무조건 ── 당신 편

1판 1쇄 발행 2020년 7월 20일
1판 5쇄 발행 2021년 10월 25일

지은이 한창수

발행인 양원석 **책임편집** 김효선
디자인 남미현, 김미선 **영업마케팅** 조아라, 신예은, 김보미, 이지원

펴낸 곳 ㈜알에이치코리아
주소 서울시 금천구 가산디지털2로 53, 20층 (가산동, 한라시그마밸리)
편집문의 02-6443-8863 **도서문의** 02-6443-8800
홈페이지 http://rhk.co.kr
등록 2004년 1월 15일 제2-3726호

ISBN 978-89-255-5639-0 (03180)